L'IMPÉRATIF CATÉGORIQUE

DU MÊME AUTEUR

DANS LA MÊME COLLECTION

La Remarque spéculative. 1973,
«Le ventriloque», in *Mimesis des articulations,* 1975.
Le Discours de la syncope, I. Logodaedalus, 1976.
Ego sum, 1979.

CHEZ D'AUTRES ÉDITEURS

Le Titre de la lettre (avec Ph. Lacoue-Labarthe), Galilée, 1972.
L'Absolu littéraire (avec Ph. Lacoue-Labarthe), Seuil, 1978.
Le Partage des voix, Galilée, 1982.
Das aufgegebene Sein, Berlin, Alphaüs, 1982.

COLLECTIFS

«La thèse de Nietzsche sur la téléologie», in *Nietzsche aujourd'hui,* I, 10/18, 1973.
«Philosophie en cinquième» (avec B. Gromer), in *Qui a peur de la philosophie?,* Flammarion, 1977.
«Les raisons d'écrire», in *Misère de la littérature,* Bourgois, 1978.
«La Jeune Carpe», in *Haine de la poésie,* Bourgois, 1979.
«La voix libre de l'homme», in *Les Fins de l'homme,* Galilée, 1981.
«Le peuple juif ne rêve pas» (avec Ph. Lacoue-Labarthe), in *La psychanalyse est-elle une histoire juive?,* Seuil, 1981.
«La juridiction du monarque hégélien», in *Rejouer le politique,* Galilée, 1981.
«Philosophie und Bildung», in *Wer hat Angst vor der Philosophie?,* Paderborn, Schöning, 1981.
«La vérité impérative», in *Pouvoir et vérité,* Cerf, 1981.
«Das unendliche Ende der Psychoanalyse», in *Mit Lacan,* Berlin, Rotation, 1982.

TRADUCTIONS

Nietzsche, *Fragments posthumes 1869-1872* (avec M. Haar), in *Œuvres,* I, Gallimard, 1977.
Jean-Paul, *Cours préparatoire d'esthétique* (avec A-M. Lang), Lausanne, l'Age d'Homme, 1979.

JEAN-LUC NANCY

L'IMPÉRATIF CATÉGORIQUE

FLAMMARION

Pour recevoir, régulièrement, sans aucun engagement de votre part, l'Actualité Littéraire Flammarion, il vous suffit d'envoyer vos nom et adresse à :
Flammarion, Service ALF, 26, rue Racine, 75278 PARIS Cedex 06.
Pour le CANADA à : Flammarion Ltée, 4386 rue St-Denis, Montréal, Qué. H2J 2L1.
Vous y trouverez présentées toutes les nouveautés mises en vente chez votre libraire : romans, essais, sciences humaines, documents, mémoires, biographies, aventures vécues, livres d'art, livres pour la jeunesse, ouvrages d'utilité pratique.

ISBN 2-08-212702-8

© 1983, FLAMMARION, Paris

Printed in France

LE KATÈGOREIN
DE L'EXCÈS

« L'impératif catégorique » : y aurait-il là quelque chose à quoi nous ne pourrions plus nous soustraire ? Y aurait-il là — en référence à Kant, sans doute, mais aussi bien compte tenu de ce qui nous entraîne loin de Kant — une obligation pour notre pensée ? Une obligation indissociable de ce qui nous oblige le plus instamment à penser, et qui n'est pas l'autoreproduction de l'exercice philosophique, mais, disons-le si possible avec sobriété, une exigence du monde ? Plus encore qu'indissociable de cette exigence, cette obligation serait-elle — comme une propriété, mais tout autrement — *inaliénable* ?

Les quelques textes qui forment ce volume se sont trouvés soumis à cette question. Publiés de façon dispersée, et au hasard d'occasions diverses, ils offrent une disparité accusée dans leurs régimes et dans leurs adresses. Ce qui les relie est moins l'unité d'un propos, ou celle d'un parcours suivi, qu'une certaine contrainte, répétitive, exercée par le motif de l'impératif. Ils sont à présent rassemblés pour manifester cette contrainte, qu'ils n'ont vue surgir que peu à peu, comme une espèce de hantise, et pour en aiguiser la question, ou l'inquiétude.

Rien ne nous est plus étranger — ou plus étrange — que l'impératif catégorique. Le mot lui-même est l'une des rares expressions techniques de la philosophie qui soit passée dans la langue courante : comme si cette langue, la nôtre, avait été *impressionnée,* à la fois au sens moral et au sens photographique. Cependant, il se peut qu'elle semble seulement avoir été impressionnée ; notre langue tient le mot à l'écart, elle ne le prononce pas sans d'invisibles guillemets. Il la hante, mais elle le conjure. Simultanément, il évoque la souveraineté sans réserves d'un absolu moral, la majesté formidable d'un ordre inconditionnel, mais aussi le caractère inaccessible d'un tel commandement, l'impossibilité de l'exécuter, c'est-à-dire en fin de compte l'impossibilité de lui obéir, ou la vanité de tenter de s'y soumettre. Aussi sa majesté se couvre-t-elle bientôt (c'est fait depuis long-temps) d'un peu de ridicule, ou revêt en tout cas une allure désuète. Dans la mesure où la signature de Kant, entre parenthèses dans les guillemets, n'est pas effacée (et elle ne l'est jamais tout à fait), c'est le Kant d'une *Schwärmerei* rationaliste et formaliste qui transparaît, chez lequel l'hypocrisie piétiste le dispute à la crispa-tion d'un entendement catatonique. On en sourit, ou on s'en indigne, de Hegel à Nietzsche, de Hegel à nous.

Mais surtout, « l'impératif catégorique » charrie pêle-mêle les valeurs ou les déterminations qui répugnent le plus à ce que nous pensons être notre culture et notre sensibilité morales (dont fait aussi partie de n'avoir plus de *philosophie* morale, sans qu'aient été exacte-ment mises à l'épreuve la nature et la portée de ce fait). Ce que l'impératif charrie ainsi, ce n'est pas seulement le fameux rigorisme « qui n'a pas de mains », auquel font écho les non moins fameuses « mains sales », mais c'est avant tout le commandement absolu, le ton impérieux et le geste coercitif, renvoyant eux-mêmes tantôt à la belle âme, tantôt à une inqualifiable tyrannie ; et plus encore, et d'abord, ce qui en forme le revers : l'obéissance, la soumission, l'être-obligé ou l'être-contraint, antithèses manifestes et inadmissibles de la *liberté* selon laquelle nous nous définissons, ou nous nous revendiquons. L'*impératif* supprime la liberté de l'initiative, et l'impératif *catégorique* supprime la liberté de la délibération. Ensemble, ils suppriment la liberté de l'autodétermination, c'est-à-dire qu'ils suppriment ce qui est pour nous le Bien même, que nous ne nommons plus ainsi, mais qui ne consiste pour nous, de fait, en rien d'autre qu'en une autodétermination absolue, à laquelle nul ne doit rien commander. L'obligation, pour notre *ethos* moderne, est l'étrangeté même. Ce qui ne va pas, du reste, sans de singulières confusions: car cette sensibilité ne discerne plus, à cet égard et par exemple, entre des motifs rousseauistes et des motifs nietzschéens, ou bien, et par exemple encore, elle ne cesse de loucher sur Stirner et sur Feuerbach à la fois. A la fois, c'est l'humanité et c'est l'individu qui s'autodétermine, à la fois la liberté est une nature et un projet. Une chose est claire: la liberté est contraire à toute obligation, elle ne tient son autorité que d'elle-même, et se donne sa loi. Mais faute de pouvoir assigner cette autodonation, nos éthiques et nos politiques errent de la Nature à l'Histoire, de l'Homme à Dieu, du Peuple à l'Etat, de la Spontanéité aux Valeurs...

Cependant, il n'est pas certain que l'impératif catégorique ne soit pas, en même temps, au plus près de nous. La liberté elle-même, cette liberté conçue comme un état — ou comme un être — soustrait à tout pouvoir et à tout commandement extérieur, nous la posons ou nous voulons la poser comme un «impératif catégorique», par quoi nous entendons au moins qu'il ne se discute pas. (Tel est, par exemple, le motif explicite ou implicite de notre pratique la plus générale de la défense des «droits de l'homme».)

Ce faisant, il se produit toutefois que nous captons et détournons d'une certaine façon le sens du mot. Car nous prétendons ainsi que la liberté s'impose d'elle-même, absolument et inconditionnellement. D'une manière ou d'une autre, nous posons ou nous supposons que cette liberté (ou bien, si nous n'osons plus nous aventurer à la déterminer selon une «essence», du moins tel ou tel ensemble de «libertés» ou de «droits de l'homme») est donnée, connue, reconnaissable ou assignable. Si la liberté, chez Kant, est la *ratio essendi* de la loi morale, celle-ci en revanche est la *ratio cognoscendi* de la liberté (ce qui fait de l'impératif le très singulier régime de cette « connaissance ») : pour nous, au contraire, la liberté n'est pensée, et pensable, qu'à la condition d'être à la fois *ratio essendi* et *ratio cognoscendi* de toute loi morale. Il va donc *de soi* qu'elle s'impose ou doive s'imposer. Et cette imposition *de soi* n'en est plus exactement une : s'il n'y avait pas à l'imposer (ou à chercher à l'imposer) contre ceux qui la bafouent ou qui la dégradent, la liberté ne s'imposerait même pas, elle fleurirait, elle s'épanouirait spontanément, puisqu'elle détient en fin de compte la nature d'une essentielle et pure spontanéité. Ce que nous revendiquons au titre ou à l'image d'un impératif n'en est donc jamais exactement un. L'impératif de nos impératifs est que les véritables impératifs ne *doivent pas* avoir le caractère de la contrainte, de l'extériorité, ni se lier à l'exercice d'une injonction, d'une obligation et d'une soumission.

(Du même coup, un écart se creuse, abyssal, entre d'une part ce qu'on persiste bizarrement à nommer un « sujet », et qu'on représente dépouillé de sa spontanéité par l'économie, l'histoire, l'inconscient, l'écriture, la technique, et d'autre part la Liberté, qui est en fait le vrai concept métaphysique du sujet — auquel en fin de compte nous ne savons même plus que, au nom de notre liberté, nous nous assujettissons.)

Il n'en reste pas moins, comme par l'effet d'une insistance sourde et obstinée, que nous pensons quelque chose (par exemple, la liberté) comme une prescription inconditionnelle. Peut-être ne pouvons-nous même pas penser, en général, sans avouer d'une manière ou d'une autre que cela même — « penser » — *obéit* tout d'abord à quelque secrète intimation (on le verra plus loin, dans les textes qui concernent Nietzsche et Derrida). Ainsi, dans son éloignement même, ou de cet éloignement l'impératif se rapproche au plus près de nous. Cette proximité pourrait bien être plus proche que tout ce que nous pouvons appréhender en guise de proximité, en tant que familiarité ou intimité. Ce serait la proximité de ce qui est perdu, obnubilé, et dont la perte même hante.

Ce qui *hante*, selon l'étymologie ancienne, c'est ce qui *habite*, ou encore, selon l'étymologie plus savante, ce qui

ramène à l'étable, au repaire ou au foyer. *Hanter* est de
la famille de *Heim*. La proximité de l'impératif pourrait
bien être l'*Un-heimlichkeit* qui hante notre pensée, son
inquiétante étrangeté, qui n'inquiète que parce qu'elle
est si proche, si prochaine dans son étrangement. Mais
ramener au séjour familier, c'est encore ramener à
l'*ethos*. L'enjeu n'est pas un autre que celui de
l'éthique[1] — non cependant au titre d'une science ou
d'une discipline, et pas non plus au titre d'un sens ou
d'un sentiment moral, mais au titre, précisément, d'une
hantise.

Il ne peut s'agir d'apprivoiser l'étrangeté de l'impératif, ni d'apaiser sa hantise. A supposer même que cela
revînt à anticiper sur notre avenir — à prédire le
retour ou l'avènement d'une éthique impérative —, nous
savons depuis Hegel qu'une telle anticipation n'est pas
le fait de la philosophie. Celle-ci ne va pas au-delà de
son temps. C'est-à-dire que le temps — l'élément de la
pensée — ne va pas au-delà de lui-même : cette limite,
en somme, le définit. Et penser n'est pas prédire, ni
vaticiner en général, et pas non plus délivrer des
messages, mais s'exposer à ce qui arrive avec le temps,
en ce temps. Dans le temps de la hantise, il ne peut et
il ne doit y avoir qu'une pensée et qu'une éthique — si
c'en est une — de la hantise.

Mais à supposer, malgré tout, qu'une telle anticipation fût possible, elle ne pourrait être l'anticipation d'un
impératif apprivoisé, rendu familier et naturel. Si c'est
bien l'impératif que nous avons perdu (s'il est possible
de donner un sens à une telle proposition), à tout le
moins il est certain que nous ne le retrouverons pas :
son essence s'y oppose, ou s'y dérobe. L'impératif ne se
domestique pas — et c'est aussi la marque de la
hantise : elle est par définition la chose domestique
impossible à domestiquer. Elle ne rentre pas dans
l'économie qu'elle hante. Elle nous ramène à un séjour
qui, en tant que séjour, ne permet pas l'installation
dans sa propriété. Pourtant, c'est un séjour. Nous ne
demeurons certes pas *dans* l'impératif, mais nous demeurons *sous* lui.

---

1. Il ne sera pas examiné ici, où tout reste, de manière générale,
à l'état d'essai, et doit être poursuivi dans un travail à paraître,
L'Expérience de la liberté.

Il ne s'agit donc pas de reconnaître, de réévaluer et de se réapproprier l'impératif catégorique. Ni sur le mode d'une réactivation de la philosophie kantienne, ou d'un « ressourcement » en elle (la philosophie ne va pas plus en deçà qu'au-delà de son temps), ni sur le mode d'un apaisement de la hantise. Il ne peut s'agir que d'indiquer l'*insistance* de l'impératif pour une pensée, ou sur une pensée, la nôtre, qui est moins « tributaire de Kant » qu'elle n'est ce qu'elle est — la pensée de ce temps — par la soumission à une exigence impérative qu'il revint à Kant, tout d'abord, à l'ouverture de ce temps, de rencontrer [2].

*
**

Pourquoi, chez Kant, l'impératif ? C'est-à-dire, pourquoi l'énoncé de la loi morale se donne-t-il sur le mode impératif ? Pourquoi un prescriptif, et non pas un descriptif du bien, et pourquoi un ordre, et non pas un conseil ou une exhortation ?

La réponse de Kant est simple : il y a l'impératif parce qu'il y a le *mal* dans l'homme. *Il faut* l'impératif parce qu'il y a le mal.

D'emblée, cette réponse déconcerte ou inquiète à nouveau notre sensibilité morale. Nous ne tolérons pas l'imputation à l'homme et dans l'homme d'un mal *radical* — ainsi que Kant le nomme. Au mal dont la scène politique (en est-il, désormais, une autre ? ou bien, toute scène n'est-elle pas politique ?) nous offre un spectacle dont nous nous accordons pour dire qu'il est inégalé dans notre histoire, par sa constance, sa technicité, sa rationalité, à ce mal nous ne voulons cependant concéder que la nature d'un accident (et réciproquement, la catégorie même de l'« accident » a fini par recueillir une valeur intrinsèque de « mal » ou de « malheur »). Ceux qui ne représentent pas l'histoire comme le processus nécessaire d'une élimination, fût-elle asymptotique, de cet accident, la représentent comme l'accident général, comme une catastrophe survenue à un ordre antérieur ou idéal. De l'une ou de

---

2. Je prolonge ainsi, moyennant un infléchissement du programme, la tentative amorcée à partir de Kant dans *Logodaedalus* (Galilée, Paris, 1976).

l'autre manière, l'accidentalité du mal ne serait-elle pas le ressort métaphysique caché de notre capacité paradoxale à nous *résigner,* pour finir, au mal lui-même, à ce mal que nous disons « banalisé » ?

On ne posera pas ici pour elle-même la question du mal, c'est-à-dire, fondamentalement, celle de son incompréhensibilité kantienne, que nous évoquerons plus loin. Son examen requiert un travail ultérieur, car il a toutes chances de ne pouvoir être abordé sans la considération préalable de l'impératif. Comme il l'est de la liberté, l'impératif est la *ratio cognoscendi* du mal. De ce dernier, on se contentera d'affirmer ici que sa question (si c'est encore une *question* au sens philosophique classique) est présente à l'horizon de l'interrogation, mais plus encore d'affirmer que cette première affirmation ne postule pas, en face de l'accidentalité du mal, quelque chose qui reviendrait à sa pure et simple essentialité, et à quelque avatar moderne du « péché originel ». Ce ne sera pas pour faire cette fois une concession à notre sensibilité, qui bien entendu se révulse à l'évocation d'un « péché originel » (sans du reste autrement se demander ce que c'est que « péché » ni ce que c'est qu'« origine »). L'affirmation postule seulement que notre sensibilité — qu'elle soit « pessimiste » ou « optimiste » — est incapable de prendre la mesure de la question du mal. Et que cette incapacité fournit, en revanche, la mesure de ce qui incombe à la pensée (par quoi, faut-il le préciser, on n'en appelle pas à la « pensée » comme à une considération *froide,* mais peut-être au contraire à une sensibilité, tout autre, de la pensée).

*
**

Il y a l'impératif parce qu'il y a le mal. Il y a le mal, c'est-à-dire la possibilité de — et la disposition à — transgresser la loi. Il y a la loi comme commandement, parce qu'elle peut être violée. Ce qui ne veut pas dire qu'il y aurait d'une part la loi elle-même (semblable à une loi physique, voire confondue avec elle), et d'autre part l'impératif adressé à celui qui, par accident, ne se conduirait pas spontanément selon la loi. Car l'impératif, dans ce cas (qui est, du reste, le cas ordinaire des lois), ne serait pas la loi elle-même, ne se confondrait pas *en tant qu'impératif* avec elle. Il aurait alors, en outre, une fonction correctrice, pédagogique. Il s'adresserait en l'homme à l'enfant, non à l'homme. Mais l'impératif ne comporte ni châtiment ni récompense : c'est en cela même que consiste son caractère *catégorique* et non hypothétique (distinction qui équivaut, chez Kant, à la distinction de l'impératif *moral* et de l'impératif *technique*). La loi n'a lieu *que* comme l'impératif. Et si bien que l'impératif ne prescrit pas d'agir *selon* la loi, car « la loi », en ce sens, n'est pas donnée, ni par l'impératif, ni antérieurement ou extérieurement à lui. Mais il prescrit *d'agir légalement,* au sens de *législativement.* Il prescrit que la maxime de l'acte soit maxime instituante d'une loi, de la loi. Sans aller plus loin, pour le moment, dans les redoutables implications de cet état de choses, posons que l'impératif prescrit *de légiférer* (« universellement », par conséquent).

Laissons de côté, en particulier, le modèle métaphysique, ou idéologique, de la souveraineté législatrice originaire, instituante ou constituante, qui est aussi en jeu dans cette pensée. Incontestables, les effets de ce modèle sont en même temps soumis par Kant à une limitation essentielle : il ne peut jamais s'agir de produire ni de présenter cette originalité elle-même. Ici, il suffira de rappeler, à titre d'indice, que dans le domaine politique Kant renonce explicitement à rechercher l'institution originaire de l'état légal. En revanche, l'ordre politique est lui-même soumis à l'impératif : « C'est dans leur union (des trois pouvoirs) que réside le *salut* de l'Etat *(salus reipublicae suprema lex est),* par où il ne faut entendre ni le *bien* du citoyen ni son *bonheur,* car ce bonheur peut peut-être (comme l'affirme Rousseau) dans l'état de nature ou sous un gouvernement despotique être plus commode et plus souhaitable à atteindre ; mais il s'agit là de l'état de la plus grande concordance, accord entre la constitution et les principes du droit, et auquel la raison par un *impératif catégorique* nous fait une obligation de tendre [3]. » Contrairement aux apparences, il ne s'agit pas là d'une pensée de

---

3. *Doctrine du droit,* § 49, trad. Philonenko, Paris, Vrin, 1971, p. 200 ; cf. aussi le § 52.

l'«Etat» au sens où nous serions prêts à l'entendre. L'«Etat» désigne plutôt l'espace nécessaire pour la législation qu'exige l'impératif.

L'impératif ne pourrait pas prescrire si la législation était donnée. C'est-à-dire qu'il ne pourrait pas prescrire cela qu'il prescrit si la législation était donnée indépendamment de lui, et qu'il ne pourrait pas *prescrire* si le mal était inscrit dans cette légalité indépendante de lui. Il faut distinguer entre le mal reconnu, localisé par une loi qui le prend en compte comme un fait, et la disposition mauvaise impliquée en droit par la loi impérative. Si le mal était une loi de la nature (ainsi qu'on le pense lorsqu'on confond la férocité de la bête ou l'action dévastatrice du volcan avec la cruauté de l'homme), la prescription du bien serait absurde, et vaine. Aussi la possibilité du viol de la loi doit-elle être imputée à *nous*[4]. Dans la nécessité de cette imputation, le mal est incompréhensible. Mais c'est ainsi, en tant que possibilité incompréhensible, que le mal est *mal*, c'est-à-dire qu'il est *libre*. N'étant pas libre, il ne serait pas «mal». (Mais cela ne veut pas dire que sans acte mauvais il n'y aurait pas de liberté, car la liberté serait alors confondue avec le libre arbitre ; cela veut dire que sans la possibilité du mal, et par conséquent sans une disposition au mal, il n'y aurait pas de liberté. La liberté n'est pas le libre choix entre «bien» et «mal», car pour ce libre choix, au bout du compte, tout est *bon*. Ce qu'*est* la liberté reste aussi incompréhensible que le mal lui-même : mais cela veut dire au moins que la liberté ne *s'adresse* qu'à un être disposé au mal.)

L'impératif correspond ainsi au mal *radical*, c'est-à-dire au mal qui corrompt le fondement même des maximes[5]. Ce mal n'est donc pas dû à un «penchant», et cela de deux manières : il ne provient pas d'une inclination inscrite dans la nature, et il ne correspond pas à un glissement, à un écart par rapport à la maxime (un tel écart, dans ces conditions, ne serait

4. Cf. *La Religion dans les limites de la simple raison*, trad. Gibelin, Paris, Vrin, 1952, p. 65.
5. *Ibid.*, p. 58.

peut-être qu'une erreur, et nul peut-être ne serait méchant volontairement : mais il faut ici que la volonté elle-même puisse être radicalement corrompue). Le mal est la corruption du fondement de la maxime, et la maxime ainsi corrompue est la maxime qui ne fait plus loi. Le mal n'est pas une loi contraire, il est la disposition contraire à la loi, la disposition il-législatrice.

Or c'est bien parce que la loi est la loi *de faire la loi* (ou de faire loi) qu'elle révèle d'elle-même — et d'une certaine façon comme en elle-même — l'inscription de cette possibilité. Une loi ordinaire laisse le hors-la-loi hors d'elle-même, par définition. Mais la loi de la loi l'inclut comme celui à qui elle est de toute nécessité adressée — celui à qui, en ce sens, elle est *abandonnée,* cependant que lui-même, à son tour, est abandonné à toute la rigueur de la loi[6]. « *Agis de telle sorte...* » n'a de sens qu'à s'adresser, non seulement à celui qui peut ne pas agir ainsi, mais avant tout à celui qui, radicalement, et tout au moins dans sa disposition, n'agit pas ainsi. Cette loi interdit, en quelque sorte, qu'il lui soit dès l'origine obéi sans broncher. C'est par là qu'elle est la loi de la liberté, et c'est pour cela que sa forme de loi est la forme de l'impératif. Celui-ci n'est pas l'expression dérivée ou le porte-parole de la loi, il est, ou il fait, comme impératif, la loi.

La loi impérative diffère donc en nature du droit. Le droit ne dit jamais « Agis ». Le droit dit une règle et y soumet le cas[7], mais en tant que tel il ne *commande* pas. Ou, plus exactement, il commande dans la mesure où il est reconnu comme droit, dans la mesure où il a force de loi, ce qui présuppose le découpage d'une aire de validité de la loi comme telle (collectivité, Etat, Eglise, etc.). Mais ici, il s'agit de la loi de tous les êtres raisonnables — de tous les êtres capables de loi.

---

6. Cf. plus loin « L'être abandonné ».
7. Sauf le cas du droit lui-même, de la production de la légalité, ou encore de la « jurisprudence » sans expérience qui inaugure le droit : cf. ci-dessous « Lapsus judicii ».

L'impératif dit — si c'est encore «dire», et en quel sens? — le cas de la loi, absolument.

Mais il n'est pas pour autant un *ordre*. Autant que du droit, il diffère en nature de l'ordre, avec lequel notre sensibilité ne cesse de le confondre. Tout au moins diffère-t-il de l'ordre s'il faut entendre ce dernier comme l'entend, par exemple, Canetti, c'est-à-dire comme ce geste ou comme ce rapport dont la forme primitive serait la menace de mort par laquelle le fauve *ordonne* la fuite de sa proie. Il se peut qu'en effet tout exercice humain de l'ordre relève de ce commandement menaçant. Mais l'impératif ne contient ni menace ni promesse. Son essence consiste précisément à n'en pas contenir. Tel est le sens de l'obéissance *par devoir* opposée à l'exécution seulement *conforme au* devoir. Obéir par devoir, c'est obéir dans le seul intérêt du devoir lui-même, qui n'a aucun *intérêt*. Mais en outre, le devoir n'oblige à rien d'autre qu'à lui-même, tandis que l'ordre contraint à son exécution. (Faut-il le rappeler? cela n'a rien à voir, chez Kant, avec une morale qui se satisfait de la bonne intention, et se dispense de faire tout le possible pour l'exécuter.)

Le devoir oblige au devoir, c'est-à-dire qu'il prescrit l'acte de la législation, et que cet acte, par lui-même, ne peut que *s'obliger* à l'universalité de la loi. Car il s'oblige ainsi à cette universalité qui n'est précisément aucun contenu particulier de la loi, mais qui est la légalité de la loi, ou plus exactement encore l'être-loi de la loi. La loi du devoir oblige au devoir de la loi, de cette loi qui n'est pas donnée.

La loi n'est donc pas extérieure au devoir, tandis qu'elle est extérieure à l'ordre. Celui-ci contraint à l'application d'une loi à laquelle, par lui-même, il ne s'identifie pas. Au contraire, il la présuppose connue, quelle qu'elle soit (par exemple, la loi du plus fort...). De la même manière, et pour la même raison, l'ordre ne s'identifie pas à l'énoncé de la loi, et de manière générale l'acte d'ordonner peut se passer de la parole : «L'ordre est plus ancien que le langage, faute de quoi les chiens ne pourraient le comprendre[8].» Il n'y a

---

8. Elias Canetti, *Masse und Macht*, Francfort-sur-le-Main, 1980, p. 335.

aucun sens, en revanche, à imaginer l'impératif autrement qu'énoncé[9]. Il n'est même *que* ça : une forme
verbale, ou une forme de discours. Le *devoir* n'est pas
un mode de l'être — aux sens classiques, du moins, de
ce terme —, mais un mode du langage — bien que
peut-être en un sens inédit de ce terme. *Ce* que je dois
peut bien être présenté dans une effectivité non langagière, mais *que* je le *doive,* cela ne peut qu'être dit.
Enfin, que *je* le doive, cela ne peut que *m*'être dit. Cela
doit m'être *adressé* : « Agis... »

Pas plus qu'il n'est, de cette manière, un ordre, le
devoir de la loi n'est un devoir d'amour : « Il n'y a pas
de sentiment du devoir, mais un sentiment provenant
de la représentation du devoir auquel nous oblige
l'impératif ; devoir obligatoire, et non devoir d'amour[10]. »
Ainsi : « On peut exiger de l'homme qu'il fasse ce que la
loi lui commande. Mais non qu'il le fasse *volontiers*[11]. »
Si le devoir, en effet, devait séduire, il ne serait plus
strictement le devoir, mais posséderait un pouvoir, dont
l'effet relèverait de ce que Kant appelle le « pathologique ». A cet égard, un tel effet ne se distinguerait pas
de celui de l'ordre menaçant.

Lorsque Kant écrit : « Il existe dans l'esprit *(Gemüt),*
non dans l'âme, un principe pur, l'impératif catégorique[12] », cela veut dire que l'impératif n'existe pas dans
la substance psychique, qui ne nous est connue que
phénoménalement (et donc jamais comme *substance,*
précisément), mais dans ce *Gemüt* dont l'acception
majeure est d'être l'unité de la constitution transcendantale. L'impératif n'appartient pas à la nature du
sujet, il appartient à ce qui, bien que resemblant à un
sujet, en excède, au sens le plus fort, le statut : il

9. Quoi qu'il en soit de la nature bien particulière de cet
« énoncé », sur laquelle on trouvera plus loin des indications, dans « La
vérité impérative » et dans « La voix libre de l'homme ». Si l'ordre est
en deçà, l'impératif est peut-être au-delà du langage, alors même qu'il
s'énonce et *dans* son énonciation et dans sa discursivité elles-mêmes.
L'impérativité et l'adresse *comme telles* ne vont pas sans langage,
mais ne sont pas du langage. Ou bien elles sont, du dire, ce qu'il ne
dit pas — un ton (on en reparlera), un geste aussi.
10. *Opus posthumum,* trad. Gibelin, Paris, Vrin, 1950, p. 136. Y
a-t-il cependant de l'amour sans devoir, ou n'y a-t-il pas de la loi dans
l'amour, c'est pour le moment une tout autre question.
11. *Nachlass,* n° 8105, 1799.
12. *Opus posthumum, op. cit.,* p. 135.

appartient à la condition de possibilité d'une raison qui s'avère par elle-même pratique. Précisons : la raison s'avère *pratique par elle-même,* mais ce n'est pas par elle-même qu'elle s'avère ainsi (elle ne se « révèle » pas) ; au contraire, cela lui survient, comme un fait, comme le *factum rationis* dont elle n'est pas le sujet (il n'a pas de sujet, il n'est pas un sujet).

L'impératif fait la condition de possibilité de la *praxis,* ou encore il est le transcendantal de la *praxis.* Comme ailleurs, et plus qu'ailleurs peut-être, le transcendantal indique ici la non-transcendance. Le principe de la *praxis* n'est pas une réalité transcendante, il consiste dans l'être par soi-même pratique de la raison, ou dans la condition *a priori* pratique de l'être raisonnable comme tel. La *praxis* n'est pas d'abord pour Kant (qui relance, à cet égard, la tradition aristotélicienne) l'ordre des actions en tant qu'elles devraient être soumises à des évaluations et à des normes, elle est avant tout l'ordre de l'agir lui-même en tant qu'il s'impose comme ordre de la raison, et qu'il impose ainsi la *praxis,* c'est-à-dire l'action dont le résultat n'est pas distinct de l'agent (distinguée de — ou opposée à — la *poièsis* qui *produit* un résultat distinct). Ou, si on veut, l'enjeu n'est pas d'abord de rationaliser l'action, mais de découvrir que la raison *comme telle,* en tant que raison pure, a à agir. Agir en tant que raison pure, c'est faire la loi. Tel est donc le *devoir* de la raison. A ce compte, et pour la première fois dans son histoire, la raison ne consiste plus dans une rationalité donnée (ici-bas ou dans l'au-delà) à laquelle il faudrait mesurer les actes, mais elle se confond en somme, en tant que raison pure pratique, avec le devoir *a priori* d'être — c'est-à-dire d'agir — ce qu'elle est : raison pure pratique.

Raison pure, sans doute, est une expression non seulement étrangère à notre sensibilité, mais dont les concepts sont à soumettre — plus que tout autre concept, peut-être — aux opérations de critique ou de déconstruction de la métaphysique. Il se pourrait cependant que s'annonce ainsi une tâche nouvelle : celle de penser la « raison pure » *à partir* de son être-pratique, et du devoir qui le constitue, ou qui l'enjoint.

*
**

Si l'impératif n'est pas un ordre au sens que l'on a dit, il n'en reste pas moins qu'il *prescrit* effectivement. C'est-à-dire qu'avant même de donner l'instruction[13] relative à la modalité de l'action, il prescrit d'agir, il oblige à agir. Ce qui signifie que l'action n'est pas seulement une contingence empiriquement déterminée, mais possède une nécessité inconditionnée. Dans tous les impératifs hypothétiques (ou techniques), l'action est un moyen soumis à la condition d'un but. L'impératif catégorique fait de l'action une fin — non pas au sens activiste d'un « agir pour agir », mais au sens où l'action qui vaut ici comme fin est l'action inconditionnée — c'est-à-dire libre — de la raison pure. Mais parce que cette fin est inconditionnée, elle ne saurait se présenter comme une nécessité tirée d'une loi préalable — et, par exemple, de la nature de la raison. C'est pourquoi la liberté n'est pas, comme chez Hegel, la raison ou la rationalité de la raison, et n'en constitue pas la fin au sens d'un *telos* programmé par une *archè*. L'action libre comme fin n'est jamais elle-même, si on peut dire, qu'un commencement, une initiative ou une initialité sans fin (on sait que Kant définit la liberté comme le pouvoir de commencer par soi-même). Aussi n'est-elle pas prescrite au sens de préinscrite : elle est *enjointe*. La raison ou la rationalité de la raison (ainsi s'engage peut-être sa déconstruction) fait place à un injonction.

L'injonction fait plus et moins que l'ordre. Elle ne menace pas, elle ne force pas à l'exécution — et l'impératif, comme tel, est dépourvu de toute puissance exécutoire. Mais elle impose, elle applique, elle *joint* à la raison la prescription d'une action libre, d'une libre législation dont rien ne fait *connaître* ni ne *révèle* à la raison la nécessité, ni même la simple possibilité. L'injonction impérative conjoint absolument la raison à ce qui l'excède absolument.

C'est pourquoi l'impératif « s'impose à nous *(uns aufdringt)* par lui-même comme une proposition synthé-

---

13. Je reprends un terme utilisé, dans l'étude du prescriptif, par J.-F. Lyotard, dans « Logique de Levinas » (in *Textes pour Emmanuel Levinas*, Paris, J.-M. Place, 1980). Je n'entre pas ici dans l'analyse des écarts et des recoupements entre mon parcours et celui, aux principes très différents, de Lyotard. L'un et l'autre doivent sans doute être d'abord menés plus avant.

tique *a priori* qui n'est fondée sur aucune intuition pure
ou empirique [14] ». Il s'impose comme un *fait* s'impose, et
il s'impose en tant que *factum rationis*. Le *factum
rationis* n'est pas une intuition empirique : s'il l'était, il
soumettrait l'impératif à une condition sensible. Ce qui
ne constitue pas un argument fondé sur un dédain
moraliste pour le sensible (rien n'est plus étranger à
Kant), mais bien sur la *condition* qui s'imposerait ainsi
à une injonction inconditionnée. Le *factum*, c'est que
l'impératif ne dépend d'aucun fait. Où serait le devoir,
et où serait la liberté, si je devais agir parce que, ici ou
là, en autrui ou en moi, je rencontrais dans l'expérience
de l'action par devoir ?

Le *factum rationis* n'est pas non plus intuition
intellectuelle : il tient donc, dans la proposition synthé-
tique *a priori* qu'est l'impératif, la place des formes *a
priori* de l'intuition pure. Il est, si on veut, l'espace-
temps de la raison pure pratique. Cela signifie peut-être
au moins qu'il partage avec eux la position *dérivée* et
non originaire, et que c'est dans cette mesure même
qu'il est *factum* [15]. Sa factualité tient à ce que la raison
ne s'y présente pas elle-même comme le pouvoir originaire de sa *praxis* : au contraire, sa *praxis* lui est
enjointe, elle lui est en ce sens donnée, tout comme les
objets le sont dans l'intuition pure. (« Mais cette intuition n'a lieu que pour autant que l'objet nous est
donné ; ce qui n'est possible à son tour, du moins pour
nous autres hommes, qu'à la condition que l'objet
affecte d'une certaine manière notre esprit *(Gemüt)* [16]. »)
Le *factum* est le mode pratique de ce don préalable ;
l'antériorité de ce don est irréductible, et excède absolument toute position-de-soi de la raison, toute représen-
tation-de-soi et toute maîtrise-de-soi. Il est donc aussi le
mode pratique de l'*être-affecté* de la raison. L'impératif
affecte la raison. Cela veut dire secondairement qu'il
l'humilie (serait-ce ce que notre sensibilité ne supporte
pas ?), mais avant tout cela signifie qu'il lui vient,
comme à une matière passive, du dehors d'elle-même,

14. *Critique de la raison pratique*, Analytique, chap. I, § 7.
15. Hors cette homologie de position, l'impératif n'a pas, cela va de
soi, la nature de l'espace ni du temps. Mais il entretient sans doute
avec eux des rapports plus complexes, qu'il faudra étudier plus tard.
16. *Critique de la raison pure*, trad. T.-P., Paris, PUF, 1963, p. 53.

d'un dehors excédant toute passivité, et ne se confondant pourtant pas avec l'activité (car l'activité est prescrite, elle est la fin). L'impératif est inactif, il est impératif. Il excède le couple de l'actif et du passif, du spontané et du réceptif.

Cet excès ne reconstitue donc pas une « intuition originaire », ni (ce qui serait la même chose) un acte originaire. L'impératif ne *relève* pas dialectiquement le partage critique de la spontanéité et de la réceptivité, ou celui du sujet et de la finitude. Il n'est pas, comme l'*ethos* hégélien, l'être-fini accomplissant l'Idée morale en se niant et en s'élevant au sujet (de la philosophie ou de l'Etat). Il est, ou plutôt, il est *donné* ailleurs.

Dans cet *ailleurs* — qui, étant absolu, n'est en même temps pas l'Absolu — il *répète* aussi bien ce partage : l'impératif, parce qu'il est l'impératif, impose la séparation d'une passivité (à laquelle il enjoint) et d'une activité (qu'il enjoint). Mais il ne l'impose pas comme s'il la produisait : elle s'impose plutôt à lui, et il l'impose en tant qu'elle s'impose. Ou encore : il y a l'impératif parce que *ça* — ce partage irrelevable — s'impose.

Le *factum rationis,* bien loin par conséquent de correspondre à la rationalité en tant que fait (posé, établi, disponible), désigne une factualité hétérogène et incommensurable à la raison au sein de laquelle, néanmoins, elle surgit. Cet incommensurable nous mesure : il nous oblige.

Qu'est-ce qu'être obligé ? Qu'est-ce que l'être-enjoint ? Cette question, comprise comme question ontologique (et dans laquelle, peut-être, se répètent et se déplacent la question heideggerienne de la différence ontico-ontologique, et la question derridienne de la différance), fait l'horizon, non dépassé, et pas même atteint, de ce recueil. Mais il s'agit au moins de l'indiquer — fût-ce comme l'au-delà d'une *question* au sens reçu de ce terme (une *question* peut-elle, par exemple, se transformer en une *obligation* ? Ce n'est pas impossible ; en tout cas, ce problème appartient à l'horizon de notre « question »).

Nous sommes obligés — la raison est obligée — au respect de la loi. Nous y sommes obligés non par l'effet d'un ordre autoritaire, mais par l'effet d'une constitution — qui n'est cependant ni un fondement, ni une institution: «La restauration en nous de la disposition primitive au bien n'est pas l'acquisition d'un mobile pour le bien, mobile *perdu* par nous, car ce mobile, qui consiste dans le respect de la loi morale, nous n'avons jamais pu le perdre[17].»

Nous n'avons pas pu perdre le respect, car perdre le respect signifierait perdre la relation (fût-elle négative) à la loi. Le respect, avant même d'être qualifié en tant que «sentiment de la raison» (aspect sur lequel, ici, nous ne nous arrêterons pas), forme tout d'abord la relation même à la loi. L'impératif n'a pas lieu sans le respect et ce n'est pas l'impératif comme tel, isolé, qui donne la loi (à condition qu'il soit possible de l'isoler; car si une proposition descriptive peut être posée à part, sans relation — par exemple: «Il y a (ou il n'y a pas) une loi universelle» —, cela a-t-il seulement un sens pour une injonction?...). C'est le respect de l'impératif, le respect pour lui et le respect qu'il commande *ipso facto*, qui nous donne la loi, ou qui nous donne la loi *comme loi* (et non comme une information). Sans cette relation donc, nous ne parlerions ni de «bien», ni surtout de «mal».

Aussi n'est-ce pas pour n'importe quelle loi que le respect ne peut pas être perdu. Je peux perdre tout respect pour toutes sortes de lois: elles me deviennent indifférentes, elle ne m'obligent plus, il n'y a pas de mal à ne pas les suivre. Et si je considère en outre qu'il est «bien» de ne pas les suivre, c'est que je me rapporte à quelque autre loi. Le respect, quant à lui, me rapporte à la loi de l'obligation elle-même: «Malgré cette chute (dans le mal), le commandement: "que nous avons *l'obligation* de devenir meilleur", retentit en notre âme avec autant de force[18].» Perdre ce respect signifierait passer sous une autre loi, sous une autre obligation— quand bien même ce serait la loi d'une absence de loi, ou la loi d'une pure autodonation de la

---

17. *La Religion dans les limites de la simple raison, op. cit.,* p. 69.
18. *Ibid.,* p. 68.

loi. L'anarchie ou la souveraineté absolue s'obligent, elles sont obligées d'être obligées. Par exemple : « *Il est interdit d'interdire* » (qui prouve de surcroît que l'imagination de Mai-68 avait un sens aigu de l'*ethos* impératif). La loi de l'obligation n'est pas *une* loi, elle est loi de la loi, plus ancienne qu'aucune législation et plus archaïque qu'aucun sujet législateur. Elle est, paradoxalement mais très précisément, la loi de qui n'a pas de loi. La « nature » a des lois, l'« homme » n'en a pas. Aussi ne peut-il perdre le respect.

Nous sommes obligés par et envers cela qui nous oblige, par et envers l'injonction de cette obligation. Non pas parce que cela aurait la puissance de nous commander, mais parce que cela est incommensurable à toute puissance de contrainte ou de penchant. A la fin, ce qu'on appelle l'empirique ne prouve pas autre chose : à la force de la contrainte finit toujours par résister le respect d'une obligation plus haute, de la véritable autorité, ou de l'autorité du vrai, au moins manifestée comme la récusation de la violence (ce qui ne signifie pas, on ne le sait que trop, que le respect l'emporte ; il s'agit de cette « résistance de ce qui n'a pas de résistance — la résistance éthique » dont parle Levinas [19]). Le prix à payer, en temps, en vies, en dignité, est effroyable. Il n'empêche. La protestation du respect constitue aussi une dimension de l'expérience, et sans laquelle nous n'aurions pas l'expérience du mal. Le respect proteste au nom de l'incommensurable de l'obligation, et c'est le rapport à cet incommensurable qui nous constitue, qui fait en somme de nous-mêmes le *factum rationis* qui nous oblige. Mais cela ne veut pas dire que nous nous donnons nous-mêmes la loi, et encore moins que nous ayons à nous donner nous-mêmes comme loi (ce n'est pas par l'« humanité » qu'il faut déterminer la loi, mais bien l'inverse, on le verra).

Le respect ne s'adresse pas à un bien, car la loi ne prescrit pas l'appropriation d'un bien. La loi prescrit de légiférer selon la forme de la loi, c'est-à-dire selon la forme universelle. Mais l'universalité n'est pas donnée. Son critère ni sa nature ne sont donnés, tant que la loi n'est pas édictée par ma maxime. S'ils l'étaient, l'uni-

19. *Totalité et infini*, La Haye, M. Nijhoff, 1961, p. 173.

versalité ne serait pas donnée, elle serait imposée; elle nous ferait violence, elle ne nous serait pas enjointe. Le *don* peut être lié à l'injonction, non à la violence.

Ainsi, la loi morale — l'impératif — est en retrait de la loi rationnelle, en excès ou en défaut sur elle. Elle prescrit l'universalité, et donc avec elle la rationalité, comme une tâche et non comme un bien assigné. Inversement, la loi interdit (c'est même son unique interdit) que l'universalité consiste dans l'érection en universel d'une volonté singulière[20]. La *tâche* de l'universel est le contraire d'une appropriation de celui-ci par la particularité subjective. La loi morale ne surgit pas seulement en excès sur ce que devrait être un sujet de la raison, elle enjoint aussi un au-delà de la subjectivité en général. La loi va d'un seul trait — le trait impératif — de l'en deçà à l'au-delà du sujet. (Ce qui ne veut pas dire qu'elle ne puisse pas être *ma* loi: elle *doit* au contraire être la loi de *ma* maxime, elle ne prescrit pas la *soumission* à un universel, elle prescrit que *je* fasse la loi universelle. Mais cela exige, sans doute, un statut de la singularité qui n'est plus celui de la subjectivité.)

C'est pourquoi le respect est simultanément admiration, ou vénération de la loi et humiliation du sujet devant elle: la loi lui enjoint, lui ajointe son insuffisance foncière à satisfaire à la loi — ce qui le désajointe[21]. Le respect est l'altération même de la position et de la structure du sujet. C'est-à-dire que celui-ci fait face — mais sans pouvoir dévisager — , ou qu'il répond — mais sans *répondre*[22] — à l'altérité de la

20. C'est en quoi Nietzsche, malgré lui, rejoint Kant; cf. plus loin « Notre probité! ».

21. C'est de manière analogue, sans doute, que Lacan a voulu entendre la loi de *Kant avec Sade* comme la loi qui fait du sujet non le sujet d'une volonté de jouissance, mais l'instrument de la jouissance de l'autre. Cependant, ce renversement maintient l'« autre » en position de sujet de la jouissance. Or la jouissance est sans sujet, c'est le moins qu'on puisse en dire — et telle est peut-être précisément la loi, ainsi que ce qui précipite la loi comme injonction incommensurable.

22. « On reconnaît que cette voix est de l'autre à cela qu'on ne peut y répondre, pas à la mesure de ce qui de l'autre vient de l'autre. La structure même de la loi oblige à sa transgression. » J. Derrida, dans le débat qui suivit « La voix libre de l'homme » ici reproduite (in *Les Fins de l'homme*, Paris, Galilée, 1981, p. 183). A quoi il faudrait rattacher le motif de la « folie de la loi » exposé par Derrida dans « La

loi. Cette altérité n'est le fait d'aucun autre assignable, ni grand Autre ni petit autre, bien qu'elle détermine l'être-autre de tout autre. Elle est le *fait* de la raison, le fait qu'il y ait une factualité ou une facticité de l'injonction *dans* la raison *à* la raison, autre que la raison dans la raison même. Ce « *dans...à...* » donne la structure incommensurable de la loi : il ne s'agit pas du se-donner-à-soi-même-sa-loi du sujet, il s'agit de ce que dans la raison une injonction soit adressée à la raison, donc du dehors, de ce dehors doublement autre qu'exigent et l'*adresse* et l'*injonction*.

Le respect diffère donc de la considération d'un bien, comme l'impératif diffère de l'autolégislation d'un sujet. C'est aussi que le bien qui est en jeu, puisqu'il s'appelle encore ainsi sous le nom de *Souverain Bien,* vaut moins comme *bien* que comme *souveraineté,* c'est-à-dire selon une différence incommensurable avec tout ce qui peut être ou faire un « bien »[23]. Le Souverain Bien, non seulement réduit à rien les biens en général, mais il ne consiste en rien d'autre que dans cette réduction à rien. Celle-ci ne laisse pas la place à un bien plus élevé, mais à l'extrême immesurable de l'élévation : *das höchste Gut,* le bien le plus haut, suprême ou souverain, qui à vrai dire ne se mesure plus en « hauteur » d'aucune sorte. Le Souverain Bien est cet extrême : c'est-à-dire qu'il n'est même pas le bien « le plus haut », mais l'excès de l'extrémité sur toute hauteur et toute mesure. Le Souverain Bien, c'est aussi, c'est finalement peut-être, *que nous ne puissions pas mesurer son excès.* Et que, par là même, il nous oblige. « Qu'y a-t-il donc en nous (peut-on se demander) qui nous élève, nous qui sommes des êtres dépendant constamment par tant de besoins de la nature, si haut au-dessus de ces besoins, dans l'idée d'une disposition primitive (en nous), que nous les considérions dans leur ensemble comme rien et nous-mêmes comme indignes de l'existence, si nous devions en poursuivre la jouissance, qui seule pourtant

loi du genre » (in *Le Genre,* colloque international, Université de Strasbourg II, 1980).
23. La problématique de la « souveraineté » chez Bataille n'y est pas étrangère. J'y reviendrai ailleurs.

nous peut rendre la vie désirable, à l'encontre d'une loi en vertu de laquelle notre raison commande avec force, sans user d'ailleurs de promesses ni de menaces[24]? »

Aussi le souverain bien peut-il simultanément ne pas même exclure les biens (ou le bonheur) *et* requérir, comme sa souveraineté même, ce qui n'est plus un « bien » : l'être-obligé par la loi. Kant écrit : « Cette fin ultime de la raison pratique est le souverain bien, autant qu'il est possible dans le monde ; mais il ne faut pas le chercher simplement dans ce que la nature peut procurer, c'est-à-dire le bonheur (la plus grande somme possible de plaisir) mais conjointement dans la chose la plus haute qui soit requise, la condition que la raison exige pour pouvoir attribuer le bonheur aux êtres raisonnables du monde, je veux dire : dans leur conduite la plus conforme à la moralité[25]. »

Le respect pour la loi s'adresse à sa sublimité : « La majesté de la loi (semblable à celle du Sinaï) inspire le respect (non la crainte qui repousse, ni le charme non plus qui invite à la familiarité) qui excite la *considération* du subordonné à l'égard de son maître, et, en ce cas, comme ce maître est en nous, le *sentiment du sublime* de notre propre destinée, qui nous ravit plus que toute beauté[26]. » Le sentiment du sublime en général (si du moins il est à distinguer du sentiment du sublime de notre destination : en réalité, il n'y a qu'un sublime) est le sentiment de la limite de nos facultés. La loi excède absolument les limites ultimes de la représentation et de la mesure — et si elle doit être réglée, selon la deuxième formule de l'impératif catégorique, sur le *type* d'une loi universelle *de la nature,* ce n'est pas au sens d'une loi phénoménale, mais plutôt au sens où la loi du phénomène n'apparaît pas elle-même dans le phénomène. Dans son exemplaire de la Bible, Kant notait, après le texte : « le royaume de Dieu ne

24. *La Religion dans les limites de la simple raison, op. cit.,* p. 72-73.
25. *Les Progrès de la métaphysique,* trad. Guillermit, Paris, Vrin, 1968, p. 54.
26. *La Religion dans les limites de la simple raison, op. cit.,* p. 42.

vient pas avec des manifestations extérieures» (Luc,
XVII, 20), ces mots : «visible (forme)»[27]. Le sentiment
du sublime s'adresse à ce qui excède la forme.

Mais l'universel de la loi n'est pas pour autant donné
comme invisible. Ce qui excède la forme n'est pas une
forme supérieure et suprasensible. C'est la formation
même de la forme, dérobée en toute forme qui apparaît,
et remise comme tâche à la raison[28]. Cette tâche est
enjointe parce qu'elle ne peut être représentée ni
enseignée comme une tâche technique. Il n'y a pas de
loi naturelle de la formation (de même que la *vie* nous
est irreprésentable). Il y a la loi de légiférer dans cette
absence de loi. C'est-à-dire la loi de faire un monde
éthique, de former un monde éthique — comme s'il
pouvait être une nature, et que nous puissions en être
la vie. Pour la formation de ce monde éthique — de ce
monde sous des lois morales — , il n'y a pas de loi,
sinon la loi de le former.

Le sublime de la loi indique à ce compte une
«destination divine» de l'homme. Mais le «divin» ne
nomme pas un sujet (ni un projet) de la loi. Certes,
«Dieu est le législateur», mais «Dieu existe parce qu'il
existe un impératif catégorique», «l'idée de Dieu dérive
de cet impératif — non inversement[29]». «Dieu» n'est
pas le Dieu de la nature — et pas plus, et pour la
même raison, le Dieu de la religion. «Dieu» *est* la
destination divine de l'homme, en tant que cette
destination lui est enjointe. «Dieu» n'*est* pas *au-delà* de
la représentation. Mais l'au-delà de la représentation —
la limite qu'on ne passe pas car elle n'ouvre pas à une
illimitation de la forme en une forme d'au-delà, mais
fait au contraire la *fin* de la forme et du monde en tant
qu'en elle s'évanouit ou se retire la formation même de
la forme et du monde — , cet au-delà de la représentation (et de son sujet) fait la loi. Et la loi *destine* à cette
fin, de manière «divine» ou «sublime» (elle ne destine
donc pas à Dieu ou à rencontrer Dieu).

27. Cf. J.-L. Bruch ; *La Philosophie religieuse de Kant*, Paris,
Aubier, 1968, p. 269.
28. Il faudra examiner plus tard la relation que ce motif implique
à l'esthétique (à l'articulation du sublime sur le beau), relation dans
laquelle est aussi en jeu le statut non subjectif de la singularité
évoqué plus haut.
29. *Opus posthumum, op. cit.*, pp. 134, 137.

Cette façon de *destiner* n'est pas une manière de promettre ni de fixer un but ou un accomplissement. C'est bien plutôt une façon d'*abandonner*. L'impératif catégorique n'est peut-être qu'une transformation de la vérité tragique, que le destin essentiellement abandonne. La loi abandonne — à elle-même. Ce qui nous *hante*, depuis que nous n'avons plus de représentation de la tragédie, ou depuis que l'impératif nous en présente l'irreprésentabilité, c'est cet abandon [30].

Il y a donc destination, abandon à la fin au sens de la finitude. Le sublime de la loi — qui dépend strictement de sa nature impérative — tient à ce qu'elle destine à l'universel, à l'absolument grand et à l'incommensurable *dans* la finitude. En revanche, il n'y a pas destination à une fin en tant que *telos* absolu d'une croissance infinie de l'être fini [31].

Ce qui compte, ici encore, c'est donc le commencement, c'est l'*envoi* de l'impératif. La loi est indépassable en tant que loi impérative parce qu'elle n'est pas l'autolégislation d'un sujet. Dans l'autolégislation d'une substance, qui fait de celle-ci un sujet — Dieu, Nature ou Homme —, la loi se *relève* elle-même, elle se conserve *en se supprimant* comme loi dans une soumission, qui n'en est plus une, à sa seule liberté, que du reste elle se confère ainsi elle-même. A cette pensée s'adjoint le corollaire d'une pensée (chrétienne et spéculative) de la loi comme esclavage [32]. L'impératif au contraire impose la loi comme limite ultime, irrelevable, *à partir* de laquelle l'injonction est adressée.

30. A propos du tragique s'imposerait le lien avec l'analyse de son traitement hölderlinien par Ph. Lacoue-Labarthe («La césure du spéculatif», in *Hölderlin. L'Antigone de Sophocle,* Paris, Bourgois, 1978) et avec l'analyse du rapport de Hölderlin à Kant (cf. notre *Joie d'Hypérion,* à paraître).

31. La *fin* kantienne n'est pas ce qui accomplit un programme. Elle est inaugurale, et sans fin. «En ce qui concerne le concept de fin, il est toujours notre œuvre propre et le concept de fin ultime doit être produit *a priori* par la raison.» *Progrès de la métaphysique, op. cit.,* p. 55.

32. Cf. par exemple Hegel: «Face à cet agir procédant de pulsions et de penchants, qui appartient à la singularité naturelle, se présente alors assurément aussi la loi, ou la détermination universelle. Que cette loi soit une puissance extérieure ou ait la forme d'une autorité divine. L'homme est dans l'esclavage de la loi aussi longtemps qu'il reste dans son attitude naturelle.» *Encyclopédie,* t. I, trad. Bourgois, Paris, Vrin, 1970, p.483.

Aussi la loi est-elle *adressée à* une liberté, et non *fondée par* elle. Réciproquement, la liberté ne consiste pas à obéir à sa propre loi — à la loi propre d'une nature propre — , mais à commencer par soi-même : liberté inaugurale, d'avant toute loi. Et pourtant, c'est cette liberté qui est avant tout l'allocutaire de la loi. Il y a toujours ici, en somme, deux « origines », qui ne se recouvrent pas et dont chacune semble indéfiniment, à tour de rôle, prendre le pas sur l'autre : l'adresse de la loi, et le commencement libre. Ou encore, il y a deux « principes », dont aucun ne répond strictement au statut de principe, l'impératif et la liberté. Et tout se passe comme si la loi prescrivait à la liberté de commencer en deçà de la loi. Mais elle le lui prescrit, elle le lui enjoint, et c'est la raison de l'impératif : il y a l'impératif parce que la liberté est allocutaire, et n'est pas la liberté autopositionnelle et autolégislatrice du sujet.

« On pourrait, il est vrai, prétendre le contraire en invoquant le passage bien connu de la préface de la *Critique de la raison pratique* : la liberté est la *ratio essendi* de la loi morale et la loi morale est la *ratio cognoscendi* de la liberté ; l'expression : *ratio essendi* n'indique-t-elle pas en effet que la liberté est, en quelque sorte, au-delà de la loi, qu'elle est le pouvoir d'inventer la loi, qu'elle n'est autre que son autonomie, son autoposition ? En réalité, il n'en est rien ; la liberté est *ratio essendi* , non pas comme condition d'existence ou de manifestation, mais comme condition de réalisation, en ce sens qu'une loi morale s'adressant à une volonté que nous considérerions, d'autre part, comme ne lui étant pas soumise, serait une contradiction [33]. »

L'impératif est essentiellement adressé à la liberté. « Le fondement de la possibilité d'impératifs catégoriques est toutefois le suivant : ils ne se rapportent à aucune autre détermination de l'arbitre (par laquelle une fin peut lui être proposée) si ce n'est uniquement à

33. P. Lachièze-Rey, *L'Idéalisme kantien*, Paris, Vrin, 1950, p. 197.

sa *liberté*[34].» Cela signifie que l'impératif est impératif parce qu'il est adressé, et qu'il appartient ainsi au groupe des *adresses* en général (interpellation, prière, ordre, appel, demande, exhortation, avertissement, etc.), à moins qu'il ne définisse une constante de tout ce groupe, diversement modulée ou pouvant prendre plusieurs tons. (Il sera question, plus loin, du ton. Mais y a-t-il un seul ton de l'impératif? Ce n'est pas certain.) Et cela signifie que l'impératif est catégorique parce qu'il est adressé à une liberté, et ne peut donc soumettre à l'avance la maxime de celle-ci à la condition d'une fin.

Cela signifie, enfin, que la liberté est essentiellement, et non accidentellement, ni de manière provisoire, l'allocutaire de l'injonction. En tant que telle, cette liberté, qui n'est pas l'autoposition du Sujet, n'est pas non plus le libre arbitre du sujet individuel. Elle concerne, dans l'individu, ce qui n'est pas de l'individu. Et ce qui n'est pas de l'individu — mais pas non plus du «collectif» comme tel — , c'est la possibilité d'être «allocuté» par l'autre, depuis l'altérité de l'autre (et non d'être homologué sur la mêmeté de l'autre), c'est la possibilité d'être interpellé, ou encore, selon le sens grec du mot, d'être *catégorisé* par l'autre. *Katègorein,* c'est accuser, dire la vérité accusatrice de quelqu'un, et de là affirmer, imputer et attribuer. *L'impératif catégorise son destinataire* : il affirme sa liberté, lui impute le mal, et le destine ou l'abandonne à la loi. De cette triple manière, l'impératif catégorise dans l'excès de toute catégorie, de tout mode propre, essence ou nature, de l'homme.

Traiter l'humanité comme une fin, c'est la traiter comme ce destinataire. C'est n'avoir nul égard à aucun concept de l'homme auquel on voudrait conditionnellement le soumettre, mais seulement à l'injonction qui lui est destinée, et qui le destine. Elle ne le destine à rien

34. *Doctrine du droit, op. cit.,* p. 96-97. Il faudra examiner ailleurs l'hypothèse d'un rapport entre cette *adresse* de la loi et l'«*appel*» qui constitue pour Heidegger la conscience (morale — le *Gewissen*), en tant que cet appel qui «vient *de* moi et cependant *sur* moi» (*Sein und Zeit*, § 57). En découleraient d'importantes conséquences, qui viendraient compliquer l'interrogation sur la «voix sublime», ouverte ici dans «La voix libre de l'homme».

d'autre qu'à être ce destinataire : celui à qui, dans l'espace fini qu'il n'excède jamais, ne cesse de s'adresser le *katègorein* de l'excès.

Mars 1982.

LAPSUS JUDICII

Que se passe-t-il lorsque la philosophie se fait juridique ? Que se passe-t-il lorsque la philosophie se fait
juridique non pas au sens où il lui arrive de prendre en
compte le droit comme un de ses objets, et de s'en
assigner la réflexion ou la méditation (encore faudrait-il
remarquer qu'*en droit* une philosophie ne saurait se
dispenser de ce travail...) mais au sens où la philosophie
elle-même, comme telle, s'instituerait, se déterminerait
et s'exposerait selon le concept et dans la forme d'un
discours (d'une pratique) juridique ? Au sens, par conséquent, où la philosophie se *légitimerait* de manière
juridique. Quel serait l'enjeu, la nature et la validité de
cette opération, qui passerait outre toute « philosophie
du droit » ? Qu'y adviendrait-il de la philosophie, et du
droit ?

Cette question semble insolite. Posée en termes de
figures historiques, elle pourrait être énoncée de cette
façon : que se passerait-il si Athènes se présentait dans
Rome, et en tant que Rome ? C'est-à-dire, précisément,
si Rome n'était Rome que pour être ce dont l'exclusion
la constitue ? Car Rome, à tous égards, peut sans doute
être désignée comme la substitution du droit à la
philosophie : plutôt que l'histoire officiellement reçue de
la philosophie, l'histoire de l'enseignement, à elle seule,
pourrait ici administrer la preuve.

Posée en terme d'histoire, la question serait alors :
que s'est-il passé lorsque à Rome la philosophie *a passé*
dans le droit ?

Est-ce un hasard si la philosophie qui s'y connaît
dans sa propre histoire — c'est-à-dire, une fois pour
toutes, la science hégélienne — reconnaît dans le
moment du droit romain, dont le corollaire se trouve

dans le scepticisme philosophique (dans ce qui appartient donc *à peine* à la philosophie), la négativité *même* du Soi, ce qu'il faut entendre ici comme la négativité bloquée sur elle-même et privée de sa fécondité dialectique : le Soi y connaît « la perte de son essence [1] dans « l'égale confusion universelle » et la « mutuelle dissolution » des consciences que le droit désigne comme des *personnes* (*Person* dans le texte allemand : c'est bien la *persona* latine, masque et anonymat), c'est-à-dire avec « l'expression du mépris ». *Persona* : ce concept latin (ce mot étrusque) fait l'étrange figure qui défait la figure, la *Gestalt* — la forme et la tenue — du Soi. Bien que la Vie du Concept, ici comme ailleurs, s'en relève, l'« état du droit » demeure en reste, pure ou plutôt très impure perte de substance et de conscience. L'Esprit — la philosophie — le passe plutôt qu'il n'y passe.

Rome pourtant s'était déjà répétée, dans l'avant-coup de la science hégélienne. La philosophie s'est faite juridique : avec Kant. On le sait si bien (avec et depuis Hegel) que l'on proclame qu'elle s'y fait même juridisme, discours formel, formaliste et procédurier. Pour un peu, Kant serait le Chicaneau de la métaphysique — et pour beaucoup, il l'est. Dans la philosophie, c'est Kant qui suscite la question : que se passe-t-il lorsque la philosophie se fait juridique, lorsqu'elle s'énonce comme juridiction ?

Cette question est donc double, et doublement hétérogène. Si la philosophie est grecque, c'est la question *latine* de la philosophie ; si Rome est la dissolution de la philosophie, c'est la question *philosophique* de Rome. Tentons de l'approcher en explicitant aussi sommairement que possible cette implication réciproque, fût-ce par pétition. Dans la mesure où il lui sera possible d'être *justifiée,* la pétition le sera ensuite, dans l'examen de l'opération kantienne prise pour elle-même.

1. *Phénoménologie de l'esprit,* trad. Hippolyte, Paris, 1939, t. II, p. 46-48. Le droit romain, au moment de l'Empire, est pour Hegel une pourriture : « De même que, dans la putréfaction du corps physique, chaque point acquiert pour soi une vie propre, qui n'est toutefois que la vie misérable des vers, de même ici l'organisme politique s'est dissous dans les atomes des personnes privées » (*Leçons sur la philosophie de l'histoire,* trad. Gibelin, Paris, 1945, p. 289).

Si le droit romain se substitue à la philosophie, ou lui impose son masque, c'est peut-être aussi bien que la métaphysique, à Rome et à partir de Rome, se met à s'énoncer par le droit. Il y aurait ainsi, intimement tissé dans le discours *grec* de la métaphysique, un discours *latin*[2] : le discours juridique. (Ce qu'il ne faudrait pas manquer de compliquer par l'analyse du fait que le *discours* est lui-même un concept latin ; mais il faut, ici, prendre quelques raccourcis.) Survenue au *logos* de son dedans aussi bien que de son dehors, survenue «dedans» *comme* «dehors», la juridiction latine formulerait un autre énoncé que celui du *logos*. Mais, substituée à lui, elle tient dès lors son lieu et affirme son droit : point de *jus* sans *ratio*. Elle a donc déjà (toujours ?) été revendiquée par le *logos,* et pour autant que celui-ci doive passer dans sa propre histoire, c'est aussi bien *lui-même* qu'elle énonce.

Qu'est-ce que le discours juridique ? Dans la latinité — c'est-à-dire, on l'a compris désormais, ici et maintenant, *hic et nunc* — cette prédication confine à la tautologie. Il est inévitable de répéter à ce sujet quelques données bien connues. La juridiction, c'est le fait de *dire* le droit. Ce dire est inhérent au droit lui-même — tout comme, réciproquement, le droit ne peut qu'être inhérent au dire, pour peu qu'on détermine dans la langue l'élément du *code,* et pour peu que les énoncés qu'on en forme doivent être *justes*, voire *judicieux* : or c'est bien là le devoir, l'office et le droit

2. C'est à quoi conduirait sans doute un travail mené avec Heidegger — c'est-à-dire avec la pensée qui détermine le plus rigoureusement l'hellénité de la philosophie comme telle. Car Heidegger, dans sa «remontée» vers la langue grecque de la philosophie, rencontre la nécessité de souligner plusieurs des déplacements introduits par la traduction latine. On peut avancer que l'étude de ces déplacements aurait à leur refuser les formes simples de la génération, de la dérivation ou même du glissement — et devrait au contraire toujours reconnaître à la «traduction» latine, quels que soient ses modes de transmission ou de relais du grec, le caractère général d'un *accident,* d'une collision redistribuant autrement tout l'appareil sémantique et conceptuel qu'elle fait, en même temps, «passer». On aurait ainsi à dégager le motif d'une accidentalité constitutive de l'*essence* de la métaphysique moderne. (Rien ne serait dit contre ce motif par le fait empirique que jusqu'à la fin de l'Empire ce qui se nommait «philosophie» parlait grec le plus souvent. Car, selon les cas, ou bien ce n'était pas la philosophie qui parlait, ou bien ce grec était déjà, philosophiquement, du latin.)

logiques du « dire »... L'intrication foncière de la parole
(et en elle, inévitablement, de la langue) avec le droit
constitue le discours latin. Le *discours* — énoncé *et*
raison, dans la langue du XVIᵉ siècle — s'engendre au
lieu du *logos,* par l'accouplement du *jus* et de la *dictio,*
dans la production jumelle du judiciaire et du judicieux.

C'est que la *dictio,* par elle-même, forme en quelque
sorte jugement avant même de se formuler. *Dicere,* c'est
d'abord montrer, et, pour pouvoir montrer, discerner,
fixer, établir et pointer du doigt ce que l'on détermine
(indicere). Le dire latin opère en jugeant, il est constitu-
tivement juridique : *causam dicere,* c'est établir et
montrer la cause, c'est plaider. Le discours désormais ne
montrera plus les choses qu'en plaidant des causes : tel
est le programme qu'il reviendra à Kant d'exécuter.

La juridiction ne s'ajoute pas au *jus.* Elle l'explicite
tout au plus, mais c'est ainsi qu'en dernier ressort elle
l'institue. Le *jus* en soi, pourrait-on dire en mettant à
contribution la terminologie hégélienne (si elle n'était,
justement, impertinente ici), n'est sans doute pas une
parole : il est « l'aire d'action ou de prétention maxima
résultant de la définition naturelle ou du statut conven-
tionnel d'un individu ou d'un groupe [3] ». Mais cette aire
doit *ipso facto* se trouver « définie, pour toute circonstance, avec une grande précision » ; aussi « l'énonciation
explicite de chaque *jus,* la formule qui en dit les
limites, et, dans ces limites, le garantit sont essentiel-
les ». La forme de cette (autre) détermination du *logos,*
ce n'est pas l'*idée* (ou le *concept*), c'est la *formula* : la
« petite forme ». La *formula* est elle-même un terme
juridique : c'est la mise en forme nécessaire pour
engager une action conforme aux termes du droit.
Formuler, énoncer, c'est homologuer selon le droit. Mais
le droit en soi *et pour soi* n'existe proprement que par
la formulation et comme formulation.

3. G. Dumézil, *Idées romaines,* Paris, 1969, p. 41. On ne peut
mieux faire que citer cette analyse indispensable. On ne pourrait se
proposer d'y adjoindre qu'une interrogation sur l'homonyme *jus* qui
désigne le jus (de viande ou de fruits), et dont certains philologues ont
supputé une synonymie étymologique (par le sens de « lier » et
« mêler ») avec le *jus*-droit. La thèse hégélienne du droit comme
dissolution s'en trouverait confortée.

Le *jus* s'articule donc essentiellement d'un sujet : mais d'un sujet qui vaut moins comme substance (il y perd plutôt celle-ci, comme le dit Hegel) que comme puissance (capacité, volonté, désir, pouvoir, faculté, — mais toujours de droit) « d'action et de prétention » ; un sujet qui s'avère moins par sa présence (figure propre, *Gestalt*) que par les contours de cette aire, qui lui donnent figure et identité : le découpage de la *persona*. Cette personne (juridique), ou ce personnage, est encore un formulateur, s'il est permis de superposer à l'origine étrusque du mot (= le masque) l'étymologie populaire qu'on en a faite : le masque *per-sonat,* il fait retentir et porter au loin la voix. Le (sujet du) droit est cela dont la puissance de la voix (ou plus exactement du porte-voix, d'un artifice vocal) établit et circonscrit la propriété. Cette puissance elle-même est artificieuse et théâtrale : le (sujet du) droit s'établit — ou s'énonce — sur un néant d'être et de nature.

Ce qu'énonce le juge — *judex,* celui qui est investi de la juridiction —, c'est donc la formule qui dit ou qui fait le droit en instituant le rappport de la loi au cas dont il est *hic et nunc* question. L'inhérence du dire au droit correspond à ce statut spécifique que l'on pourrait tenter de résumer ainsi : la casualité fait l'essence du droit, et la casuistique celle de la juridiction. *Casus,* c'est la chute — la chute dans ou par le fortuit, le contingent, la chute selon l'*occasion* (qui fait le juge autant que le larron) : c'est l'*accident.* L'« essence » du droit tient en un rapport singulier de l'essence à l'accident. *En droit,* la loi doit être le code universel dont la définition même implique l'annulation ou la résorption de toute accidentalité. Le cas *doit* être prévu. *En fait* (mais ce fait est constitutif du droit, c'est le fait de la juri-diction), le cas doit être assigné et légitimé cas par cas. Cette nécessité ne tient pas au pur et simple accident d'une diversité indéfinie des conditions empiriques (des situations *personnelles*), qui déborderait sans cesse la limitation inévitable (mais elle-même de nature tout empirique) des formes du droit. Il s'agit ici d'une nécessité de l'accident. Ou plutôt (car c'est bien sans doute d'un certain rapport aporétique de la nécessité métaphysique à l'empirique, au factuel, à l'effectif ou l'événementiel *comme tels* qu'il est ici question),

l'ordre juridique est cet ordre qui s'institue par la prise
en compte formelle — en tous les sens du mot — de
l'accident *lui-même,* sans que pourtant il en *conçoive* la
nécessité.

La juridiction se trouve de ce fait comme articulée
sur une structure double : d'une part elle énonce le droit
du cas, et c'est ainsi qu'elle en fait un *cas* ; elle le
subsume donc, elle en supprime l'accidentalité, elle le
relève de sa chute ; relevante *(aufhebend),* la juridiction
procède à ce titre de la même manière que le Concept
de la science hégélienne. D'autre part, elle énonce le
droit *de* ce cas et *dans* ce cas ; le droit n'existe en
quelque sorte que par le cas, par son accidentalité ; si le
cas, lorsqu'il est casé, domestiqué *(casa,* la maison, n'a
rien à voir avec *casus),* est relevé, il n'en reste pas
moins tombé dans sa propre chute. Il « est » chute : on
relève ce qui est tombé, on ne relève pas la chute. La
logique du cas est de tomber ou glisser sur lui-même :
logique de la rechute. En termes de droit canon, le cas,
même jugé, est toujours *laps et relaps.* Il porte aussi —
nous le vérifierons — cet autre nom latin de la chute :
le *lapsus.*

La prise en compte de l'accident comme tel ferait
ainsi le discours latin de la philosophie : jamais tout à
fait grec (logique), ni tout à fait allemand (spéculatif).
On verra que la prédilection de Kant pour le latin n'est
pas, quant à elle, un pur accident.

Puisque le cas non seulement n'est pas prévu, mais
ne peut pas l'être, et puisque le droit se donne le cas de
son énonciation, le discours juridique s'avère peut-être
du même coup comme le véritable discours de la fiction.
On sait le rôle considérable que joue dans et depuis le
droit romain la notion de « fiction juridique ». Ce n'est
pas ici le lieu de l'analyser. Il suffit d'indiquer les trois
registres sur lesquels elle peut être invoquée : celui de
l'exercice d'école, où le traitement de cas fictifs (c'est-à-
dire de cas possibles, bien que non effectifs et même
improbables : tout peut *arriver)* forme au maniement de
la juridiction ; celui de la constitution en *cas* juridique
d'une réalité qui par elle-même s'y dérobe (la création,
si l'on veut, d'une réalité de signes purs) ; celui de

l'action du droit romain dite *fictice,* par laquelle la loi est étendue à un cas auquel elle ne s'applique pas (l'extension illégitime de la légitimité d'un signe). Selon cette répartition sommaire, la fiction ne représenterait qu'un certain nombre de cas d'espèce dans l'exercice du droit. Mais il faut pour les produire que le droit détienne une capacité générique de fiction.

En effet, le rapport de la loi au cas — le rapport de juridiction — signifie qu'aucun cas *n'est* la loi, et qu'un cas ne *tombe* sous la loi qu'à la condition minimale que la loi soit dite de lui. Il faut que l'accident — ce qui arrive — soit frappé du sceau de la loi (de son énonciation) pour être non pas encore jugé mais constitué en cas de droit, modelé ou sculpté *(fictum)* selon le droit. La juri-diction est ou fait juri-fiction. La loi et le cas n'adviennent au droit qu'à la condition d'être modelés, moulés, façonnés — fictionnés — l'un de l'autre et l'un dans l'autre. Mais cette nécessité comporte une implication radicale : il faut que l'instauration ou l'inauguration du droit soit elle-même, comme telle, fictionnée. La juridiction comme telle doit être énoncée : chaque année, l'« édit du préteur » formule les principes selon lesquels le droit sera dit. Le droit répète son instauration avec l'investiture de chaque personne (imposition de toge et de masque) qui reçoit ou qui prend[4] le droit de l'énoncer. La *persona* du juge et son *edictum* sont forgés du même geste *fictice :* le droit se dit ici du cas pour lequel il ne saurait y avoir de droit préalable, et qui est *le cas du droit.* (Lorsque Hadrien fera rédiger un « édit perpétuel », il n'y aura plus de

4. C'est le problème de l'*origine* — dont il faut peut-être dire qu'en droit il n'appartient précisément pas au droit; ou que, s'il lui appartient, ce n'est pas là où le droit s'en remet à la philosophie de la question de son origine (comme au début de plus d'un traité de droit), mais, ainsi que nous essayons de l'approcher, là où il *se fait* philosophie. *Là,* il arrive quelque chose à la question métaphysique de l'origine. Pour le moment, contentons-nous de préciser que si l'autorité du juge (son *imperium*) est elle-même un cas, dont il faut dire le droit, elle ne constitue pas pour autant (elle ne constitue *justement* pas) un cas d'exception; le droit interdit toute loi d'exception, tout *privilegium* (cf. par exemple J. Ellul, « Sur l'artificialité du droit et le droit d'exception », in *Archives de philosophie du droit,* t. X, Paris, 1965). Le *judex* est un personnage conférable en droit à n'importe qui, et dont l'investiture ne soustrait pas à la loi. C'est déjà par là qu'il diffère profondément du philosophe aussi bien que du poète : l'un et l'autre sont pour Platon des *natures.*

fiction du juge : de fait, toute l'instauration du droit sera désormais remise à l'Etat...)

Pour peu que l'on entende la *fiction* dans le discours latin, elle n'a dans son principe rien à voir avec les valeurs que nous avons coutume d'attacher à ce mot — celles, mêlées, de la *poièsis,* de la *mimèsis* et de la *phantasia* grecques, qui se concentrent dans la *Dichtung* allemande. La *Dichtung* compose un monde : par définition, la « structure » casuelle, accidentelle en est exclue — tout autant qu'elle l'est du monde de la *theôria* métaphysique. Si la poésie fictionne, c'est en tant que théorie : vision productrice de ses visions. La fiction (juridique) compose au contraire *avec* un monde, avec l'effectivité accidentelle, événementielle, d'une « mondanité » que la loi ne produit ni ne relève. Si tout peut arriver dans la *Dichtung,* c'est qu'elle produit elle-même le champ illimité de sa production ; si tout peut arriver pour le droit, c'est qu'il y a toujours quelque chose qui excède les limites de ses aires. La fiction façonne chaque fois la réunion de l'universel et du particulier, de la nécessité et de la contingence — et sur un mode tel que ce qui est façonné porte la marque indélibile du *cas,* à la différence de la synthèse hégélienne, où cette marque est toujours-déjà entraînée dans l'effacement dialectique de tous ses traits distinctifs, jusqu'à sa résolution complète dans le Concept, au-delà de toute figure. La *figura* (qui provient de *fingo,* comme la *fictio*) ne peut en aucune manière passer ou être dépassée : elle constitue l'ordre spécifique de la *persona,* de la *formula* et de la *dictio.* En disant le droit, le *judex* dit toujours *à la fois* que la réalité du cas est dans le droit *et* que son dire fictionne ou figure cet « être » du cas. L'ordre juridique, est-on tenté de dire, relève fondamentalement d'un « cynisme » de la fiction, d'un « franc mensonge ». On y fait *comme si* (le mot grec pour la fiction, c'est *hypocrisis*) — et c'est bien là un des motifs majeurs que Kant introduira dans la philosophie.

L'opération poétique — telle du moins que la métaphysique la pense — consiste à effectuer la mise en œuvre *(l'energeia)* du sens. Elle comporte dans son principe même la résolution des figures, c'est-à-dire des signes de ce sens — ou, ce qui revient au même, la création d'un sens pur et autonome par-delà tous les signes. « *Veritas nullo egeat signo* », déclare Spinoza. Leibniz, Hegel, Mallarmé exigent obstinément à cet égard la même poïésie (la poïésie même). Elle est l'opération *autonome* (en grec : qui se donne sa loi) par excellence, et elle présuppose l'autonomie souveraine de son sujet.

L'acte juridique — à peine une opération[5] — met en forme ou en figure un donné dont l'essence ou le sens propre tombe par principe hors de cette forme. Il institue délibérément l'écart du signe à la chose : mieux, il est l'acte de cet écart ou de cet écartement — et il l'est tout d'abord en ce que son agent se fictionne lui-même en *personne* du droit de dire le droit.

On sera tenté de conclure que par cette autodiction (mais peut-on parler grec et latin à la fois ?) le *judex* équivaut au poète, donc au théoricien. Nous dirons plus précisément que la personne juridique figure ce qui arrive — *accidit* — au sujet du poème (ou) du savoir, dans la mesure même où ce sujet se pense et se veut comme l'origine et la propriété absolues d'un droit absolu : celui de la création, ou celui de la vérité, c'est-à-dire le droit dont « l'aire d'action ou de prétention » est totale, sans limites, et de ce fait échappe à la condition limitative, localisante du droit[6]. Le droit procède toujours, par délimitation, à une localisation, *c'est-à-dire* à une dislocation. Ce qui arrive au sujet, c'est sa dislocation : c'est la limite de sa propre figure. L'accident qui l'affecte — ou l'occasion qui le fait —, c'est le *cas* du sujet absolu lui-même. Que *l'origine soit un cas,* ou que le droit inaugural comporte une « aire », donc une délimitation, voilà ce que la juridiction implique, et qui contrevient à la *logique* du sujet. La

5. Le droit dit, il n'exécute pas. Il ne « produit » jamais rien d'autre que lui-même — ou que la fiction de son identité dans la mobilité permanente de sa jurisprudence
6. Le totalitarisme de l'Etat moderne ne provient de Rome que moyennant une conversion majeure, de nature et non de degré : à savoir, l'*illimitation* d'une procédure dont la figure strictement latine (en droit...) est plutôt celle d'une incessante et multiple fixation de limites (juridiques, culturelles, ethniques, linguistiques, etc.). Rome a tenté — dans l'enceinte de son *limes* — de constituer l'unité juridique d'un réseau interne de limites, de bornes et de différences. A la limite... il faudrait dire que le droit sanctionne ou signe les partages différentiels, tandis que l'Etat les résorbe, ayant transformé la procédure en processus (organique, historique).

perte de la substance du Soi équivaut à la dé-finition de la personne : c'est-à-dire, à la finitude. Aussi bien la personne n'est-elle ni le sujet ni le siège du droit : celui-ci ne lui revient que si le magistrat lui concède, selon le cas, *l'action* judiciaire : on ne dit pas *jus in personam,* mais *actio in personam* [7].

La personne juridique se détermine dans l'accidentalité, la ficticité et (donc) la finitude. Elle forme ainsi l'envers du sujet [8]. Et c'est pourquoi ses déterminations se rassemblent dans celle du « sujet » *de l'énonciation* (on a compris, puisque c'est le droit qui est dit, que ce sujet ne peut qu'être en même temps celui de l'énoncé). La *personne* est ce qui énonce — que ce soit sur le mode de la demande, de la défense ou de la sentence — et qui s'énonce : mais de telle sorte que ce « soi » n'est pas une identité substantielle ; ce qui s'énonce, c'est l'énoncé du droit, ce n'est pas la « personnalité », c'est le *jugement* de la personne.

Avec le jugement, le droit nous réengage dans la philosophie. Ou plutôt, en même temps qu'il s'est substitué à la philosophie, celle-ci a discrètement commencé à l'investir d'un problème engendré dans le discours grec.

Le jugement — l'énoncé logique ou philosophique aussi bien que juridique — se distingue du concept. Le sujet de la conception c'est le sujet physique ou métaphysique, poétique ou théorique : c'est toujours le sujet qui *conçoit* la chose, et se conçoit en la concevant. Il ne la signifie pas, mais il l'engendre, ou la produit, et s'il la « voit » (dans la *theôria*), c'est encore, dit Aristote, à la façon dont la lumière produit les couleurs.

Le discours grec n'a pas de terme propre pour le jugement. En un sens, on va le voir, le *judicium* — mot

---

7. Cf. Duguip, *Traité de droit constitutionnel,* Paris, 1923, t. II, § 28 ; et, sur la discussion de la notion de « droit subjectif », M. Villey, « L'Idée du droit subjectif et les Systèmes juridiques romains », *Revue d'histoire du droit français et étranger,* 1946-1947.

8. Il faut entendre ici le sujet selon la détermination métaphysique qui s'en construit de l'*hypokeimenon* à la *substance* du sujet cartésien. Mais il en irait autrement (problème de « traduction »...) si l'on restituait au *subjectum* ces valeurs latines que sont l'être-subordonné, l'être-assujetti, l'être-substitué ou l'être-supposé.

juridique, *terme* de la juridiction — peut passer pour le philosophème latin par excellence. Son précédent grec est la *krisis*, notion plus « pratique » que « théorique », dénotant le discernement, le choix et la décision, avec une connotation toujours plus politico-morale (ou technique, médicale en particulier) que proprement gnoséologique.

Or la *krisis* devient une notion gnoséologique — elle devient même la notion déterminante du « gnoséologique » — dans la théorie stoïcienne du signe. Le *kritèrion* est le signe distinctif, la marque ou l'empreinte qui correspond en effet au caractère propre de la chose. La chose n'est pas donnée ou produite d'elle-même dans ou par le sujet — elle est connue par son critère, qui la discerne, la distingue et ainsi la saisit : c'est la *phantasia kataleptikè*, la « représentation compréhensive ». Encore convient-il d'acquérir ou de reconnaître ce critère lui-même — de ne pas se tromper sous l'effet d'un *pathos*, en attribuant mal les signes et en donnant ainsi son adhésion au mauvais double d'une *phantasia*, à un *phantasma*. Encore, donc, faut-il bien *krinein*, bien discerner les marques propres (les *idiomes*). Avec la théorie du signe font irruption ensemble ; 1) la possibilité *pathologique* de l'erreur, c'est-à-dire de l'accident survenant au savoir, et non du simple manque-à-savoir ; 2) le rôle de la *décision* (d'un geste « en plus » du *logos*) quant à la justesse du signe ; 3) et celui de l'énonciation, tout au moins comme attribution ou *prédication* qui rapporte le signe à la chose.

La décision qui s'énonce pour (en principe) écarter tout *pathos* du *logos* sera transcrite par le *judicium*. C'est le droit qui aura préparé le concept pour l'absence de conception — ou pour la conception non naturelle, non générative. Le « concept » que fournit le signe, ce n'est pas l'éclosion de la chose même, c'est l'imposition de son idiome, conquise contre le danger de la chute dans le phantasme — toujours à conquérir, par conséquent, et toujours en péril. L'incertitude est constitutive du jugement — parce que l'*ajustement* qui est sa tâche comprend essentiellement en lui-même la division : « Le point de vue du jugement est la *finitude* et, de ce point de vue, la *finitude* des choses consiste en ce qu'elles sont un jugement, en ce que leur présence et leur nature universelle (leur corps et leur âme) sont certes unies, sans quoi les choses ne seraient rien, mais en ce que ces moments qui sont leurs sont déjà tout autant distincts que, absolument parlant, séparables » (Hegel, *Encyclopédie,* § 168 ; trad. M. de Gandillac).

Le *judicium* se déterminera ainsi — à travers la tradition augustinienne et l'interprétation des *figures* de l'Ecriture (interprétation qui comporte à son tour des sources stoïciennes) — comme la part spécifique d'une appréciation, d'une estimation qui pour être éventuellement indubitable dans son résultat n'en aura pas moins été labile et *personnelle* dans son établissement — à travers la scolastique et la *critica* (partie de la *dialectica* qui traite du jugement), il se déterminera comme l'acte intellectuel de la *compositio,* opposée à l'*intelligentia indivisibilium,* laquelle fait proprement la conception. La *compositio* implique tout d'abord l'assemblage, le façonnage, la fiction : il y a toujours une *hypokrisis* dans la *krisis* ; ensuite (mais c'est la même chose), la position, l'imposition du signe pour la chose ainsi figurée, l'investiture par le signe et l'investiture conférée au signe du droit de dire la chose.

L'ordre du jugement se compose du multiple, de l'incertain et de l'inégal. *Opus incertum,* disent les Latins pour les ouvrages architectoniques faits de pierres irrégulières : il faut juger des possibilités de les ajuster, l'ordre de construction n'est pas donné dans l'ordonnance préalable du matériau. L'œuvre judiciaire est par essence un *opus incertum.* La critique kantienne, parce qu'elle est construite sur le jugement, est l'*opus philosophicum incertum* par excellence.

Le *judicium* est inégal — mieux : l'inégalité le « fonde ». Si la *ratio* est égale pour tous, le jugement varie selon les personnes [10]. C'est au fond sur ce partage

9. C'est ainsi que le *Peri psychès* caractérise le *nous theôrètikos* (III, 5,430 *a* 15).

10. C'est de là qu'il faudrait encore dater un autre partage qui entame d'entrée de jeu l'unité même du jugement : le partage du *judicium* et du *nasus,* c'est-à-dire, plus tard, du *jugement* et de l'*esprit* au sens « français » du mot, c'est-à-dire encore du *wit* anglais, du *gusto* espagnol et plus tard du *Witz* allemand, que l'on retrouve à l'œuvre chez Kant. L'« esprit » ne cesse d'effriter la rationalité — elle-même déjà seulement analogique — du jugement, et de conduire obstinément, à travers tout le XVIII° siècle, vers la question de l'*esthétique* en son double sens : « science de la sensibilité » *(cognitio inferior)* et

que s'ouvre déjà le *Discours de la méthode,* et que s'instaure le droit métaphysique inouï de la vérité comme certitude — de la vérité comme énonciation par le sujet de sa propre substance et de cette substance *comme elle-même constituée par l'énonciation de l'ego.* L'*opus incertum* est à l'œuvre dès avant Kant, dès *la certitudo.* Ce qu'y devient le *logos,* c'est ce qu'en fait voir la *Logique* de Port-Royal (ou « l'*art* de penser »...) : elle est tout entière une « logique » du jugement, de sa fragilité, de ses errements, de son éducation et de sa rectification, bref, de son manque-à-concevoir. Tout le traité de la raison devient une revue de ses *cas,* l'entreprise de correction des *lapsus judicii* : entreprise en droit infinie, car le *lapsus* appartient par structure (si l'on ne peut pas dire par essence) au *judicium* — et le jugement qualifie désormais l'esprit naturel de l'homme : « La principale application qu'on devroit avoir seroit de former son jugement (...). Le peu d'amour que les hommes ont pour la vérité, fait qu'ils ne se mettent pas en peine la plupart du temps de distinguer ce qui est vrai de ce qui est faux » (*Logique* de Port-Royal, premier discours).

A travers l'histoire du jugement, le droit en quelque sorte a restitué son bien à la métaphysique. Il lui a restitué la *ratio* — raison qu'il faut désormais rendre de l'écartement des signes et de la composition des figures —, et il lui a restitué le *judicium* — énonciation par un masque de la loi de sa fiction, et des limites de sa validité.

C'est alors qu'il devient inévitable de tenir enfin pour lui-même le discours latin *de* la philosophie : Kant ouvre le tribunal de la raison.

« science des beaux-arts » (science du goût). Sous sa double forme, l'esthétique formule peut-être le problème ultime du droit : *le droit de ce qui est de droit sans droit.* Ce que Kant nomme : la prétention à l'universalité du jugement de goût — A ce motif, il faudrait combiner celui de la *critica,* apparue dès avant sa notion dialectique comme science (ou art) de textes, de leur établissement et de leur évaluation : discipline sans critères absolus, et toujours dépendante de quelque jugement « personnel ». C'est *aussi* à cette critique que Kant donne statut philosophique. Cf. l'histoire du *Witz* que nous avons esquissée dans « Menstruum universale », in *Aléa* n° 1, Ch. Bourgois, Paris, 1981.

Cette formule doit être entendue à la lettre. Il ne
peut plus être question désormais, comme on l'a sans
doute compris, de solliciter ici les valeurs *métaphoriques*
de l'appareil judiciaire dont Kant munit son discours. Il
s'agit au contraire, alors que le « tribunal de la raison »
n'est si souvent compris que comme un ornement de ce
discours, de ne plus y voir une figure, mais la concep-
tualité même mise en jeu par Kant. S'il faut ici
envisager l'ordre de la figure, ce sera au sens où le
discours entier de la métaphysique s'y détermine selon
la structure fictionnante du droit latin.

Aussi bien n'est-ce pas en fait le texte célèbre du
« tribunal de la raison » qui doit accaparer toute l'atten-
tion. Nous ne le rappellerons que dans la mesure où il
ouvre — figure et formule à la fois — la procédure
entière de la *Critique de la raison pure*.

La première préface (de 1781) introduit la *Critique*
par une histoire juridique de la raison. La métaphysique a commencé par être *despotique* dans son âge
dogmatique ; ses luttes intestines l'ont précipitée dans
l'*anarchie* (deux formes, donc, d'illégitimité) ; on a cru y
mettre fin par une « *physiologie* de l'entendement » (celle
de Locke), mais celle-ci étant *usurpée* (car purement
empirique), « tout retomba dans le vieux dogmatisme »
avant de s'effondrer dans l'indifférentisme. Mais cette
indifférence est « l'effet du *jugement* mûr d'un siècle »
qui exige que l'on en finisse avec les savoirs illusoires.
Ce jugement réclame donc de la raison qu'elle « entre-
prenne à nouveau la plus difficile de toutes ses tâches,
celle de la connaissance de soi-même, et institue un
tribunal qui la garantisse dans ses prétentions légitimes
et puisse en retour condamner toutes ses usurpations
sans fondements, non pas d'une manière arbitraire,
mais au nom de ses lois éternelles et immuables ».

Cette histoire consiste par conséquent à rejeter les
modèles du pouvoir et de la nature au profit du modèle
du droit. Le droit n'est ni *archè* ni *physis,* il est
principiellement *raison*. Mais la raison parvenue à l'âge
de sa maturité (une maturité qui ne se laisse pas
penser comme simplement naturelle) est elle-même
principiellement *jugement*. Le jugement, ici, précède
tout — c'est lui qui réclame le tribunal. Et pourtant, il
ne forme pas une instance fondatrice ou originaire, il

est le produit tardif, dérivé, des errements de la métaphysique. Dans cette mesure même, le *logos* fondateur, ce *logos* qui dit qu'il faut « se connaître soi-même », subit ici une conversion radicale : en ce sens que sa racine s'y trouve brisée. Se connaître devient se juger ; se juger présuppose qu'on dispose de ses propres « lois éternelles et immuables » ; mais l'histoire de la raison — et, sans doute, le fait même que la raison se présente ici *comme histoire* — dément que ces lois se soient jamais offertes dans la métaphysique. Le tribunal ne peut que mettre en œuvre *à la fois* une sentence rendue selon ces lois *et* l'institution même de ces lois. Ce jugement des jugements est l'édit du préteur de la métaphysique : il dit le droit du droit à dire. Mais ainsi, se portant en quelque sorte à la situation de préteur absolu[11], la raison s'affecte en même temps elle-même de la casualité juridique — et à un double titre :

1. puisqu'elle doit *se* juger, elle est elle-même un *cas* au sens d'un manquement au droit ou d'un manque de droit ;

2. dans cette mesure, et si elle ne doit pourtant tenir son droit que d'elle-même, sa juridiction ne peut être « absolue » que dans l'institution paradoxalement accidentelle de son tribunal : il surgit d'une histoire ni naturelle ni métaphysique — d'une histoire qui bien loin d'être réglée par la fécondité croissante du Concept semble plutôt déréglée par l'entropie croissante de la raison elle-même (une *Histoire* véritable ne peut s'ouvrir qu'à partir de la critique).

Au lieu de posséder une essence — qui serait de se connaître —, la raison connaît un accident — qui est d'avoir à se juger. La raison tombe sur son propre cas — le cas du juge.

Certes, nous apprendrons dans la *Critique* ce sur quoi la seconde préface mettra l'accent : qu'il y a un modèle pour le tribunal, ou du moins qu'il y a un critère en fonction duquel il est possible de juger. « La voie sûre de la science » a été indiquée par la mathématique, la

---

11. Sans jamais le reconvertir en despotisme d'Etat : c'est le trait le plus constant, le plus saillant — le plus audacieux sans doute et de ce fait le plus problématique — de la pensée de Kant (y compris, ou *d'abord,* comme pensée du politique). Hadrien, dans cette histoire, est bien sûr joué par Hegel.

physique et la chimie — et la critique doit consister à faire prendre cette voie à la métaphysique. Cependant, la loi ainsi invoquée[12] ne provoque pas l'obsolescence de la juridiction comme telle. Elle ne *fonde* pas le tribunal, et lui laisse au contraire la tâche — infinie — de se *justifier* lui-même. Ce qui peut, pour abréger, se montrer au moins par trois motifs :

1. Les sciences mathématico-physiques ne sont ni ne constituent la métaphysique. La philosophie kantienne ne tend en aucune manière vers l'épistémologie (le discours qui ne prétend qu'à reproduire la rigueur propre d'un discours scientifique). Mais elle se comporte aussi tout autrement que la *mathèsis* cartésienne : celle-ci désigne, à travers « l'enveloppe » des « mathématiques vulgaires », une science universelle qui en fait l'âme ou le noyau. La métaphysique kantienne forme au contraire une *autre* science qui a recours aux sciences instituées comme à des modèles analogiques (et c'est précisément, dans les « analogies des l'expérience », l'analogie mathématique qui ne peut fournir qu'un modèle lui-même analogique pour l'analogie philosophique chargée de penser l'unité de l'expérience). Le caractère exemplaire des sciences ne les empêche donc pas de rester hétérogènes par rapport à la métaphysique. L'analogisme traverse cette hétérogénéité — mais cette traversée forme un geste de fictionnement, non d'identification, Kant ne fait pas une théorie *de* la connaissance : il *fait* la théorie en tant qu'elle a perdu sa connaissance.

2. Sans doute la raison *se* voit-elle à l'œuvre dans les sciences. En ce sens, elle s'est toujours-déjà reconnue,

12. Quel tribunal en effet peut s'instituer sans référence à une loi qui lui préexiste — sinon un tribunal d'exception ? Nous n'avons pas pu ici nous arrêter sur la *loi* elle-même : mais s'il est possible d'avancer que la *lex* n'est jamais le strict équivalent d'un *logos,* il devient inévitable de dire que toute institution judiciaire se comporte en dernière instance, d'une manière ou d'une autre, selon un régime d'exception, et donc selon la forme que le droit exclut. La redoutable ambiguïté du droit serait de se soustraire par principe à l'Etat, et d'ouvrir en même temps par principe la possibilité même du tribunal d'exception. A bien des égards, l'entreprise kantienne représente aussi, et à la mesure même de son audace, le tribunal d'exception de la métaphysique.

De pareilles ambiguïtés, sans doute, ne commenceront à se désarticuler qu'à partir du moment où il nous deviendra un peu plus possible de penser *comment le* logos *constitue notre loi d'exception.*

elle maîtrise toujours d'emblée sa propre rationalité, et n'a donc pas à se *juger*[13]. Il n'en reste pas moins que ces sciences sont toujours aussi bien en défaut de raison. Non pas qu'elles aient encore besoin, pour être sciences, de se voir fondées par la philosophie (cette interprétation forme la double erreur symétrique des «néo-kantiens» et des «épistémologues», qui approuvent ou blâment Kant pour la même mauvaise raison[14]). C'est justement la consistance propre et l'autolégislation des sciences qui les qualifient comme modèles; et la mathématique, tout spécialement, se trouve qualifiée comme la seule présentation d'objet adéquate et autonome qui puisse avoir lieu, et que la philosophie, à ce titre, ne peut jamais égaler. Les sciences sont en défaut de raison parce que la raison *comme telle* ne s'y trouve pas; elle doit dès lors juger, décider à la fois de sa propre rationalité en tant qu'elle ne peut pas ne pas être à l'œuvre dans les sciences *et* en tant que, par elle-même, elle n'est aucune science. Tel est le sens *proprement juridique* (ni fondateur, ni explicatif, ni interprétatif, ni vérificateur, ni relevant — mais doublant tous ces sens, ou, comme on dit en navigation, les remontant au plus près...) de la question critique: «Comment des jugements synthétiques *a priori* sont-ils possibles?» — étant donné que *de fait* il y a de tels jugements; c'est la question *de droit,* et la question *du* droit. Le fameux «*Quid juris?*» sur lequel s'ouvre la «Déduction des concepts purs de l'entendement» ne signifie en aucune façon qu'il y aurait lieu de légitimer les sciences (elles n'en ont nul besoin)[15]. Il

13. Est-il besoin de préciser que le discours de Kant ne *tient,* comme tout discours métaphysique, que par l'appropriation primitive de sa raison — et par la conjuration primitive de tout accident qui pourrait l'affecter? Ce qui doit nous retenir, c'est qu'un accident s'y produise *malgré tout* — et s'y produise dans l'opération primitive elle-même.

14. A l'inverse, cf. Heidegger, dont la lecture de Kant est évidemment ici décisive, en particulier dans Cassirer-Heidegger, *Débat sur le kantisme et la philosophie,* Paris, 1972; cf. aussi E. Weil, «Sens et Fait» in *Problèmes kantiens,* Paris, 1963.

15. La «loi» scientifique se présente pour ainsi dire à l'inverse ou à l'opposé de la loi juridique: celle-ci énonce une «aire d'action ou de prétention»; celle-là — qui non seulement n'obéit pas à la structure de l'énonciation, mais l'exclut au point que ses énoncés ne sont réputés valides qu'à la mesure de leur indépendance à l'égard de l'énonciateur — établit ce qui *est* (quel que soit le statut de cet

signifie qu'il y a lieu de donner figure à la raison, et que par conséquent, sans doute, elle n'en a pas, ou l'a perdue, ou n'en a pas encore.

3. Le modèle analogique que la raison trouve dans les sciences — le modèle sur lequel elle *tombe* — c'est déjà celui du tribunal. Ce que font voir Thalès, Galilée, Torricelli et Stahl (pour rappeler la page la plus illustre de la seconde préface), c'est la figure judiciaire de la raison : « Il faut donc que la raison se présente à la nature tenant, d'une main, ses principes qui seuls peuvent donner aux phénomènes concordant entre eux l'autorité de lois, et de l'autre, l'expérimentation qu'elle a imaginée d'après ces principes, pour être instruite par elle (...) comme un juge en fonctions qui force les témoins à répondre aux questions qu'il leur pose. »

Ce n'est pas, on le voit, le fonctionnement de la loi scientifique comme telle qui se trouve ici en jeu. C'est le geste par lequel s'institue son « sujet » — en tant précisément qu'il n'est pas le sujet de la métaphysique cartésienne (ce sujet qui *est* la science), et de ce fait en tant qu'il n'*est* peut-être pas, absolument, mais qu'il s'institue en disant le droit.

L'enjeu de cette juridiction est double :

1. Elle procède à un fictionnement, dont le principe se trouve fourni par le premier des modèles : celui de la mathématique, et plus précisément de la géométrie, dont « l'exemple éclatant [16] » ne cesse pas d'accompagner l'entreprise critique. En « démontrant le triangle isocèle », en effet, « Thalès (...) trouva (...) qu'il lui fallait réaliser (ou construire) cette figure, au moyen de ce qu'il y pensait ou s'y représentait lui-même *a priori* par concepts (c'est-à-dire par construction) ». La *construction de la figure* forme ainsi la matrice de la légitimité qu'il faut assigner à la raison. Ce qu'il ne convient pas d'entendre par l'effet d'un jeu sur le mot « figure » (à moins que le texte de Kant ne soit de part en part

« être ») à l'intérieur d'une aire donnée, l'aire engendrée par le sujet (de la) science. La question du « droit de la science », comme question philosophique, éthique ou politique, est toujours mal posée en ce qu'elle ignore l'hétérogénéité foncière des deux ordres. La science a tous les droits, ou n'en a aucun.

16. « Discipline de la raison pure », dans la *Critique,* trad. Tremesaygues et Pacaud, Paris, 1963, p. 493.

façonné dans le jeu de ce mot); la figure géométrique comme telle, par son tracé[17], par le traçage ou le modelage de sa « représentation *a priori* », constitue ce qui est exigé par la raison : la *présentation* du concept dans l'intuition. La *figuration* est ici le *requisit* fondamental. Aussi le triangle sera-t-il encore le premier modèle pour le *schème,* cette *figure* non empirique chargée de procurer aux concepts la *signification,* et par conséquent d'effectuer le jugement. Figure non empirique, le schème n'en est pas moins figure ; il n'est justement *pas* la propriété intelligible d'une image empirique, et ce n'est pas « par image » qu'il se nomme *schéma.* Il est ou forme la condition d'une intellection qui ne peut avoir lieu que du figural, ou dont le *droit* est coextensif au tracé qui modèle des figures. La signification s'opère dans une *significtion* (la réunion, façonnée dans une figure et comme figure, du concept de l'intuition). La signification fait juridiction : elle assigne, elle énonce (en énonçant tout d'abord, et dans chaque cas, la possibilité même, non empirique, de l'énonciation) l'aire de légitimité du concept, cette aire que lui trace la condition sensible, phénoménale de la figurabilité. Dire le droit, c'est dans la *Critique* (dans la philosophie devenue juridique) dire l'aire de la figure en général — de la fiction phénoménale (la fiction phénoménale, c'est ce qui s'est substitué à la *poièsis* (ou) *mimèsis* de la « chose même »). C'est donc dire l'aire comme telle et pour elle-même (dire le tracé, le contour, le *limes* de et dans la raison), ou, pour s'aider un peu de bas latin, c'est *dire l'aréalité de l'aire* rationnelle. Cette juridiction dit la juri-diction même.

2. Mais la juridiction qu'il s'agit d'établir est celle de la philosophie. Or la philosophie ne peut prétendre à la *présentation* pure et directe de la mathématique, dans la mesure où celle-ci n'est possible que parce qu'elle ne concerne pas l'*existence* des choses. Que la philosophie au contraire ait à connaître de cette existence — de l'effectivité et de la multiplicité de cette existence —, cela impliquerait en dernier ou premier ressort qu'elle

17. Aussi bien « sur le papier (...) mais pleinement *a priori* », *ibid.* p. 494. Un autre travail sera consacré à l'analyse générale du schématisme.

puisse présenter la totalité et l'unité de l'expérience.
C'est en effet ce qu'elle doit, et ce qu'elle ne peut, par
principe, puisque la raison n'est pas l'*intuitus originarius,* celui pour qui production de la chose et présentation de son visage iraient de pair. La philosophie ne
peut donc jamais procéder à la « construction
ostensive [18] » de la géométrie, c'est-à-dire, pour exploiter
encore ce mot, à l'*aréalisation* (ou figuration) pure, dans
laquelle l'intuition est isomorphe au concept et contem-
poraine de lui. La philosophie doit juger de la légitimité
de la figure, c'est-à-dire que la raison doit *se* tracer
l'aire de son propre droit. Un pareil geste serait
indiscernable du geste souverain de l'institution absolue
du droit en général (de sa fondation dans l'être), *si* la
condition qui lui est imposée n'était précisément la
position non originaire de la raison : la raison est
soumise aux « formes *a priori* de la sensibilité », savoir
l'espace et le temps. Le temps lui-même, forme *a priori*
du « sujet », ne *se* présente pas : il ne peut qu'être figuré
par l'espace (« parce que cette intuition intérieure ne
nous fournit aucune figure *(Gestalt),* nous cherchons à
suppléer à ce défaut par des analogies et nous représentons la suite du temps par une ligne... ») ; ces données,
brutales, de l'Esthétique transcendantale qui ouvre la
Critique enferment tout le problème. Elles signifient
que la raison est d'avance soumise à la condition de la
figure : elle ne peut créer son propre *limes,* elle ne peut
que se délimiter à l'intérieur d'un statut limitatif.
L'ontologie de la *finitude* s'engage donc très exactement
sur ce *cas* : l'onto-logie tombe sous la juri-diction.

C'est pourquoi le moment décisif de l'« Analytique »
est formé par la *Doctrine transcendantale du jugement.*
L'introduction à cette « *Doctrine* » [19] distingue, quant au
jugement, la logique transcendantale de la logique
formelle. Celle-ci « ne peut donner de préceptes au
jugement », puisqu'elle n'en expose que les formes, et ne
peut prescrire l'application aux contenus, c'est-à-dire
« distinguer si un cas y est contenu *in concreto* ». Le
jugement du cas, par conséquent le jugement proprement dit, relève alors d'un « don particulier qui ne peut

---

18. *Ibid.,* p. 496.
19. *Critique,* p. 148 *sq.*

pas du tout être appris, mais seulement exercé ». Conformément à une « logique » désormais repérée, le jugement — le jugement en acte, prononcé par la personne qui juge — constitue lui-même un cas : ni nécessaire, ni donc prévisible, ni programmable, ni enseignable. Il n'est donc pas à l'abri des accidents, des erreurs de jugement que peuvent si facilement commettre « un médecin, un juge ou un homme d'Etat » (les praticiens de la *krisis*). C'est en somme par *chance* (ce mot vient de *casus*) qu'un cas se trouve bien jugé.

La logique transcendantale répare ce défaut : elle est en mesure « d'assurer le jugement par des règles déterminées », et c'est ainsi qu'elle concentre en elle et définit la tâche de la philosophie. Celle-ci ne peut « procurer de l'extension à l'entendement » (elle ne peut produire de l'aire), mais « comme critique pour prévenir les faux pas du jugement *(Lapsus judicii)* dans l'usage du petit nombre de concepts purs que nous fournit l'entendement, la philosophie (bien que son utilité ne soit que négative) s'offre à nous avec toute sa perspicacité ». La *Critique* vient donc occuper la place du fondement du droit ; elle est en principe chargée de dire le droit du droit, et de soustraire ainsi le *jus* à la casualité de sa *dictio.*

Or *c'est précisément cette opération fondatrice qui s'indique comme acte juridique par excellence* : nous sommes ici devant le tribunal lui-même, au cœur de la *critique* en tant que telle. Pour cette raison, la juridiction de toute juridiction, tout autant qu'elle se dégage du statut juridique (qu'elle s'érige en *privilège*), creuse en elle-même, *du même geste,* la faille infinie dans laquelle elle ne peut manquer de tomber sans cesse à nouveau sur son propre cas. En d'autres termes : parce que la philosophie se pense — *se dit* — selon le droit, elle pense (à moins qu'à partir de là elle ne cesse de *se penser*) inéluctablement comme elle-même structurée (ou affectée) par le *lapsus judicii,* par le glissement et la chute qui font partie intrinsèque du défaut de substance dans lequel a lieu la juridiction.

De ce *lapsus* constitutif et permanent, nous ne vérifierons ici, pour conclure ces notes, que le premier fonctionnement : celui qui concerne le principe même de la juridiction critique.

Le propre de la logique transcendantale, en vertu de la prétention qu'elle annonce (du droit qu'elle s'arroge), consiste à pouvoir, « outre la règle », « indiquer aussi et *a priori* le cas où la règle doit être appliquée ». Il s'agit donc bien d'éliminer la casualité du cas, et de forger la notion contradictoire d'une jurisprudence qui ne doit rien à l'expérience.

Aussi bien n'est-ce pas sous le motif de la jurisprudence que cette opération a déjà été accomplie dans la *Critique* — mais sous le concept juridique de la *déduction*[20]. « Les jurisconsultes » nomment « déduction » la preuve qui répond dans une cause à la question : « *Quid juris ?* » La déduction est l'établissement du droit : la déduction transcendantale des concepts purs de l'entendement doit établir le droit de la raison *dans tous les cas*.

C'est ce qu'elle a fait, en finissant par établir que l'entendement « est lui-même une législation pour la nature ». Soustrait ainsi à toute condition limitative externe, l'entendement n'en tombe pas moins, dès qu'il s'agit de juger, sur son propre cas, sur le cas de son investiture comme « législateur ». Si le jugement, dans le schématisme, exige la réunion de l'intuition et du concept, s'il exige la *figuration,* c'est parce que le sujet même de la législation ne se présente (à soi) que représenté, figuré, *aréalisé* en général. Tous les cas sont en droit résorbés *a priori* : mais l'*a priori,* ici, c'est-à-dire le droit lui-même, est *formé* par la condition de la sensibilité — et ce n'est même que de cette manière qu'il peut donner *lieu* à juridiction. L'*a priori* est dis-locateur. Le droit consiste dans l'énoncé de l'*aréalité* de son sujet. Pour cette même raison, le « sujet » n'y « est » rien d'autre que l'énonciation de cet énoncé : je « suis » le droit, je « suis » la limitation de mon propre énoncé. Le droit de ce sujet revient au tracé figural, dé-limitant, de la signification en général. Ce tracé est celui d'une limite « interne » à lui-même, d'une frontière qui tombe « dans » la raison — entre le concept et

---

20. Cf. *ibid.,* p. 100 *sq.* Malgré certaines variations du vocabulaire kantien (cf. A. de Coninck, *L'Analytique transcendantale de Kant,* Louvain-Paris, 1955, t. I, p. 128 *sq*), on peut noter que les formes *a priori* de la sensibilité ne sont pas fournies par *déduction* mais par *exposition.*

l'intuition (c'est-à-dire encore entre le concept et sa conception). C'est donc plutôt le tracé qui sépare infiniment le « sujet » du droit de toute son « intériorité », qui lui imprime sa figure et qui l'*assujettit* à cette figure en dessinant sa *persona* : dans le cas qui dit le droit de tous les cas, c'est la *persona* du juge qui parle.

Le dernier résultat de la *Déduction* est formé par l'unité de l'aperception (du « je »), à laquelle doivent être rapportées les représentations pour constituer *une* expérience et être capables d'un *sens*. Le droit requiert ici la condition *sine qua non* de son propre sujet (le tribunal juge qu'il faut un juge pour le présider) : à cette requête, la critique ne peut jamais faire droit que par la (re) présentation d'une *persona*. En effet, déclare Kant à propos de la « conscience transcendantale » ainsi réclamée : « Que cette représentation soit claire (...) ou obscure, cela ne fait rien ici : il n'est même pas question de la réalité de cette conscience ; mais la possibilité de la forme logique de toute conscience repose nécessairement sur le rapport à cette perception comme à un *pouvoir* [21]. » *Je,* le juge, est la fiction d'une figure législatrice — de la figure qui fictionne et trace, en général, des aires.

On peut donc accueillir sans trop d'embarras le *lapsus* de signification auquel prête le mot d'*aréalité* : dire le sujet du droit, c'est le dire comme aire, limite et figure, et c'est dire le peu ou le pas de réalité de la personne qui le représente, qui le met en scène et en jeu. L'unité transcendantale du juge qu'est la raison consiste dans le *dire* de cette *personne.*

« En droit », toutes les garanties sont prises contre le *lapsus judicii.* « En fait » — mais ce fait est *le fait du droit* — le garant lui-même ne garantit que sa figure ou fiction de garant. Aussi bien la *Critique* n'empêchera-t-elle jamais la raison de s'abandonner « en fait » au *Trieb,* à la pulsion qui la porte à *juger* « hors des limites de l'expérience », et à forger les fictions dangereuses du dogmatisme (Dieu, le moi, le monde). Aussi bien, du même geste, ce caractère irrésistible du *Trieb* de la raison sera-t-il reconnu et énoncé par le tribunal lui-même, comme la limite factuelle de sa propre

21. *Ibid.,* p. 131.

juridiction. Seul l'impératif moral sera susceptible de faire « entendre raison » à cette pulsion : mais cet impératif « catégorique », en quoi réside la juridiction ultime, ne s'offrira jamais qu'au titre — qui en droit n'en est pas un — de *factum* de la raison. Le fait pur d'une pure personne morale dira le dernier droit d'un sujet figuré. Elle le dira comme *devoir*. L'impératif dit le devoir de se constituer en *juge* (de l'universalité de ma maxime) alors même que peut-être jamais un *cas* conforme à ce jugement ne peut se présenter dans l'expérience. Mais c'est précisément *parce que* ce cas ne se présente pas qu'*il faut* juger dans tous les cas. L'impératif est factuel, il a la forme d'un *accident* (de la raison) parce qu'il est la seule forme que peut prendre l'instauration du droit, qui n'est jamais une fondation, ni une autofondation. L'impératif est *il-légitime* : c'est ainsi qu'il fait la loi.

Quand la philosophie se fait juridique, quand elle passe dans le droit, son jugement ne se prononce plus que par la bouche d'une personne qui commet sans cesse le même *lapsus,* ce *lapsus* par lequel, comme de juste, elle se révèle tout entière (elle révèle la cause, sa cause, sa chose, *res — rien*) — disant, dans son discours latin, *fictio* pour *dictio,* ou *dictio* pour *fictio,* mais toujours *significant* son droit de dire.

On sait bien que le droit n'a pas manqué de fournir le modèle et l'idéologie de l'Etat bourgeois. Mais à la condition d'hypostasier la juri-diction, d'en faire une Essence et un Sens. A la condition d'oublier ou de refouler son *lapsus* « essentiel ». Rien d'étonnant si l'Etat suscite, parfois ouverte, toujours latente, la révolte du *droit de dire* — l'exigence ultime du droit de dire *le droit de ce qui est de droit sans droit.*

C'est pourtant dans le temps et le lieu de la naissance de cet Etat que s'est ouverte, aussi bien, la résistance d'une dislocation. Dans la philosophie et comme philosophie, elle fait la résistance anticipée de Kant à Hegel. Nous n'en avons sans doute pas fini. Non pas qu'il y ait quoi que ce soit à attendre d'un « retour » à une « raison juridique ». Mais la raison n'en a sans

doute pas fini de tomber sur son propre cas. Tout peut
arriver.

Post-scriptum

J.-F. Lyotard a consacré au texte qui précède une
note généreuse (in *Rejouer le politique,* collectif du
Centre de recherches philosophiques sur le politique,
Paris, Galilée, 1981, p. 95), qui contient une discussion
sur laquelle il me faut revenir (en saluant l'occasion, si
rare, de cette véritable *disputatio*). Lyotard entend tenir
à l'écart le motif du « fictionnement » qui relève, selon
lui, « d'une problématique du fondement ou de l'origine ». Que Kant renverse, avec le jugement, la problématique de l'origine « au bénéfice de la question des fins »,
je ne peux que l'accorder (et plus encore : je renvoie ici
même au texte « La voix libre de l'homme », qui fut
écrit dans le cadre du colloque et de la question des
Fins de l'homme). Il ne s'ensuit pas que la fiction
juridique (que je prenais soin, ici, de distinguer de la
fiction poétique, de la *Dichtung*) joue le rôle de « substi-
tut » ou de « suppléance » d'une origine disloquée (je
proposerais plutôt de dire, fût-ce avec un peu de
provocation, qu'il y a une origine, et que c'*est* la
dis-location), et par conséquent reconduise subreptice-
ment la thématique métaphysique générale de l'origine.
D'une part, il faudrait déterminer exactement le rôle de
la suppléance en général (un retour serait ici nécessaire
à la logique du *supplément* explorée par Derrida). La
suppléance « conjugue »-t-elle « les fragments d'une origine, être ou sujet », ou bien fait-elle, *comme suppléance,*
attestant sa nature suppléante, voir la fragmentation
qu'elle ne « conjugue » pas : cela dit, tout d'abord, en
s'en tenant à la suppléance kantienne. Celle-ci, en
même temps, cherche à *conjurer* la fragmentation ;
Kant, malgré tout, fait ce qu'il peut pour conjurer la
crise qu'il a lui-même ouverte, ou qui s'est ouverte
devant lui (et je ne crois pas qu'on puisse délester Kant
de son esprit d'*Aufklärer* autant que le fait Lyotard : le
tout est de savoir de quel « Kant » on parle). Mais ainsi
— et c'est ce qu'on pourrait nommer la dérive kantienne de l'ontologie — la suppléance inscrit dans l'être
sa fragmentation, c'est-à-dire sa fin ou ses fins — la

question des fins, la fin comme question, et peut-être comme au-delà de la question : le fin inscrite comme jugement de l'être. Ce qui suppose, d'autre part, qu'on ne puisse pas se tenir quitte de l'être. Lyotard lui-même ne le peut pas. Il pose les « passages entre les "aires" de légitimité » comme « le langage (qui, si l'on veut, est l'être sans illusion) *en train* d'établir les diverses familles de légitimité, le langage critique, sans règle... ». Le langage — c'est-à-dire, si j'entends bien, la différence des phrases — est défini « si l'on veut » comme « l'être sans illusion ». Cela veut dire que l'illusion est de parler de l'être, mais que parler *est* l'être « sans illusion ». Lyotard est au rouet de l'être, de la nomination de l'être. Qui ne le serait pas ? Et l'*illusion*, d'où la déterminer ? sinon d'un point de vue exact et adéquat ? Puis, Lyotard souligne le « en train ». Cet « en train » (avec tout son entrain) est immanquablement, irrésistiblement, une suppléance : il est en train, il n'a pas fini, ni commencé, mais *à la place* il est en train. Quelle *est* cette place ? Lyotard dirait sans doute que cette question est illégitime. Disons qu'il aurait raison. Mais qu'*est*-ce qu'avoir raison ? Ce n'est pas, à la fin, un « jeu de phrases » qui en décide. Ce qui en décide n'est pas un jeu, et ne s'énonce peut-être pas. Si ce n'est l'« être », c'est au moins ce qui *lui* arrive, de fait, la vérité d'une expérience, le jugement d'une histoire. Ce ne sont pas des « phrases » qui ont « raison » (bien qu'il n'y ait pas de « raison » sans « phrases »). La vérité n'est pas une phrase — et pourtant la vérité arrive. Ce qui veut dire qu'elle *est,* mais que « l'être n'*est* pas », comme le dit Heidegger. Mais Lyotard, au fond, le sait — et c'est pourquoi cette *disputatio* est possible : elle est réglée par un souci commun (ou par un impératif commun) qui est à la fois en deçà et au-delà de nos « phrases » respectives. Ce qui ne signifie pas qu'elles soient indifférentes et interchangeables.

« NOTRE PROBITÉ ! »

sur la vérité au sens moral chez Nietzsche[1]

1. Conférence présentée en janvier 1980, à la Philosophische
Fakultät I de Zurich, au sein du séminaire du professeur Jean-Pierre
Schobinger, consacré pour ce trimestre à Nietzsche et plus particuliè-
rement à *Sur la vérité et le mensonge au sens extra-moral*. Le texte
reproduit l'exposé oral, à peine modifié. Pour cette raison, on groupera
ici les quelques précisions bibliographiques appelées au cours de
l'exposé : Heidegger, *Nietzsche*, trad. P. Klossowski, 2 vol., Paris, 1971 ;
Sarah Kofman, *Nietzsche et la métaphore*, Paris, 1972 ; *Nietzsche
aujourd'hui ?*, actes du colloque de Cerisy, 2 vol., Paris, 1973 ; Philippe
Lacoue-Labarthe, *Le Sujet de la philosophie*, Paris, 1979.

Je voudrais essayer — un peu brutalement peut-être, c'est-à-dire sans toutes les analyses et justifications souhaitables — d'avancer une affirmation au sujet de Nietzsche.

Cette affirmation, je la mettrai sous le patronage, si je puis dire, d'une affirmation de Thomas Mann à propos de Nietzsche :

> « Celui qui se qualifie d'immoraliste est en réalité le moraliste le plus sensible qui ait jamais existé, un être possédé par l'exigence morale, un frère de Pascal. »

C'est en effet une affirmation de cet ordre — de l'ordre concernant une « exigence morale » — que je voudrais au moins esquisser. Ou encore, je voudrais préciser et fonder le propos de Thomas Mann, qui reste, tel quel, sur un registre intuitif, global et paradoxal, voire sur le registre d'une provocation, qui appelle donc une réponse.

La première précision à apporter — et à apporter d'urgence, afin que nous ne nous engagions pas sur un malentendu — serait celle-ci : je ne sais comment Thomas Mann entend ici « moraliste », mais le tour de sa phrase (bâtie sur un simple retournement des apparences, ou des idées reçues, ou encore sur un retournement de l'affirmation par Nietzsche de son « immoralisme ») pourrait ne nous laisser entendre que de deux choses l'une :

— ou bien que Nietzsche est un moraliste au sens de toute la tradition morale, disons le tenant d'une vertu socratique, ou chrétienne, ou des deux à la fois ;

— ou bien que Nietzsche n'est immoraliste qu'au regard de toute cette tradition mais que contre elle c'est une autre *morale,* encore, qu'il propose.

Or, je ne veux rallier ni l'une ni l'autre de ces interprétations. Mais il faut encore préciser. Car la seconde hypothèse peut elle-même s'entendre de deux façons :

— Ou bien Nietzsche serait le moraliste d'une anti-morale, disons pour faire vite d'une morale des valeurs « basses » (« sensibles ») opposée à celle des valeurs « hautes » et « idéales » ; ce serait le Nietzsche d'un simple « renversement » du platonisme, celui que Heidegger a mis au jour *mais aussi* celui dont Heidegger marque qu'à travers lui se fraye la voie d'une tout autre pensée, qui n'est plus renversement du schème « sensible/supra-sensible », mais qui revient à « transformer du tout au tout le vieux schème » (*Nietzsche,* t. I, p. 189-190).

Donc, et quoi qu'il en soit des conclusions propres de Heidegger, ce n'est pas à une « morale renversée » de Nietzsche que je veux m'adresser.

— Ou bien Nietzsche serait le moraliste d'une *tout autre morale,* qui n'aurait plus à faire au couple de valeurs sensible/non-sensible. Mais qui serait encore une morale : c'est-à-dire, qui serait le propos impératif et normatif de se rapporter à une valeur.

En disant cela, je serre de beaucoup plus près, vous le savez, le véritable propos de Nietzsche : ce que nous avons à faire, dit-il au paragraphe 335 du *Gai Savoir* (entre mille autres citations possibles), c'est « créer de nouvelles et propres tables de valeurs ».

C'est ici que l'opération que je vous propose commence à devenir délicate. La « création de valeurs » est le vrai sens de l'« *Umwertung aller Werte* ». Mais du même coup, la pensée de Nietzsche reste soumise au régime de la *valeur* comme telle. C'est donc bien une *morale,* mais en tant que telle elle ne transgresse en rien, fondamentalement, la détermination métaphysique de la morale, ni la détermination morale de la métaphysique. Elle l'*accomplit* plutôt. Cet accomplissement *intégral,* c'est ce que Heidegger a su lire dans Nietzsche.

Je rappelle en quelques mots ce que cela implique :

1. de penser la *vérité* de la métaphysique non plus comme adéquation à une réalité, mais comme *évaluation* (« tenir-pour-vrai », *fürwahrhalten*) de ce qui est nécessaire à la vie ;

2. de penser la *vie* comme cela précisément qui *évalue*; et par conséquent la valeur suprême (selon laquelle évaluer) se trouve dans l'évaluation même;

3. de penser que la vie évalue de deux façons: selon la *«vérité»* c'est-à-dire selon le mensonge de tenir-pour-vrai ce qui stabilise la vie — et selon l'«art», c'est-à-dire la «transfiguration poétifiante», comme le dit Heidegger, ou la vie elle-même comme création, création-évaluation incessante de perspectives sans cesse nouvelles (ces mêmes perspectives que stabilise chaque fois un tenir-pour-vrai, et que chaque fois bouscule le devenir de la vie créatrice);

4. de penser que cette double évaluation n'en fait qu'une, qui est l'évaluation fondamentale de Nietzsche: par la fixation en vérité qui donne toujours quelque chose à surpasser, et par le surpassement créateur incessant, le *vivant* acquiert sa pleine *consistance,* ou encore, selon un fragment cité par Heidegger à la fin du cours de 1939 (*ibid.,* p. 509), «le devenir (se trouve) empreint du caractère de l'Etre». Mais ainsi l'évaluation de l'évaluation (c'est-à-dire la volonté de puissance comme volonté de volonté) fait accéder le *devenir* à sa pleine *présence,* ou *assimile* le *chaos* à la vie humaine qui le fixe et qui le transfigure; ainsi s'accomplit la vérité comme *homoiôsis.*

Prolongeant à peine Heidegger, on peut alors dire: l'*homoiôsis* nietzschéenne — la vérité comme assimilation et assimilation-à-soi — accomplit absolument l'essence *morale* de la vérité telle que Nietzsche lui-même l'a mise au jour dans la métaphysique. Elle l'accomplit en manifestant que l'idéal comme tel — et d'abord l'idéal de vérité — n'est en dernière instance que l'évaluation de l'évaluateur lui-même, et en assignant l'*Etre* dans cette auto-évaluation.

Tel est donc — trop rapidement résumé — le premier sens que l'on peut donner à la formule que j'ai inscrite comme sous-titre de cet exposé: «La vérité au sens moral chez Nietzsche». Au terme de l'analyse heideggerienne, qui reste sans doute incontournable, la vérité nietzschéenne apparaît d'essence absolument morale — et ce n'est pas en effet d'un «renversement» simple des valeurs morales qu'il s'agit, c'est, par une traversée atteignant le fond de toute morale, de l'assignation de *la* valeur dans le sujet même de l'évaluation, et de l'assignation corrélative de ce sujet dans le devenir et dans le chaos (c'est-à-dire encore dans la *volonté* comme cela même par quoi devenir et chaos ont rapport à soi, c'est-à-dire sont *sujets*).

Mais je n'ai pas donné ce sous-titre pour seulement rappeler la lecture heideggerienne. Je l'ai donné parce qu'on peut l'entendre autrement. Non pas au sens où les mêmes mots peuvent prendre des sens tout à fait différents, mais au sens où *la même chose* — et donc si vous voulez le même sens — peut, tout en restant le même, pourtant s'entendre autrement. Je l'ai donné parce qu'il me semble que dans l'accomplissement *moral* de la métaphysique par Nietzsche, dans ce *même* accomplissement se met *aussi* en jeu l'*autre* de ce même — une altérité plus radicale si l'on peut dire que la mêmeté du même, plus *abgründlich* (et qui pourtant *constitue* sans doute, ici comme ailleurs — je veux dire, partout où il s'agit de « mêmeté » —, la mêmeté la plus intime du même : la constitue en la destituant en quelque sorte).

Cette *autre* vérité et cette *autre* morale du *même* Nietzsche, c'est alors ce qu'évoque le titre que j'ai choisi : « Notre probité ! » — *Unsere Redlichkeit !* (avec un point d'exclamation : je prends ces deux mots à la fin du paragraphe 335 du *Gai Savoir* ; nous allons venir à ce texte).

La probité, la *Redlichkeit,* ce motif si constant et si souligné chez Nietzsche, indique peut-être cette autre, tout autre morale. Mais comment ?

Je ne vais pas vous faire un traité de la probité nietzschéenne. Il y faudrait plus de temps et de compétence. Je rappellerai d'abord — et très vite — que la probité commande toute l'opération nietzschéenne que je viens de rappeler : il faut commencer par reconnaître, sans feinte et sans détour, l'évaluation cachée, l'intérêt secret de la vérité, de toutes nos vérités, pour pouvoir commencer à reconnaître la vérité nietzschéenne. Toute l'entreprise amorcée en particulier par *Über Wahrheit und Lüge im aussermoralischen Sinn,* en 1873, repose là-dessus : il faut avoir la probité d'avouer le mensonge du concept, le mensonge du langage en général. Et tout est déjà là : par cette probité, nous désignons le mensonge (c'est-à-dire le savoir, la vérité) et nous libérons aussi ce même mensonge — celui de « l'instinct faiseur de métaphores » — comme la créativité du mythe et de l'art.

Mais de quelle probité s'agit-il ? ou de quoi s'agit-il chez Nietzsche avec la probité ?

Certes, en 1873 — mais aussi dans bien d'autres textes plus tardifs — tout porte à croire que cette probité consiste dans la *reconnaissance de la réalité* : les choses ne sont pas ce que nos concepts en font, ni ce que nos mythes en disent. Leurs infinies singularités sont justement ce que nous laissons échapper, ce par rapport à quoi nous *mentons. Donc,* la probité consiste à ce compte dans la reconnaissance de la vérité, de la vérité plus vraie que celle de nos mensonges.

Vous savez qu'il est facile de chercher alors à « coincer » Nietzsche, qui ne parlerait qu'au nom d'une vérité-adéquation de plus, ou plutôt de la toujours identique vérité-adéquation. Vous savez aussi, Heidegger l'a montré, que celui qui pense dire ainsi la vérité sur Nietzsche — pour le dénoncer — prétend lui-même à son tour à la vérité de son discours sur Nietzsche. Or s'il veut prendre Nietzsche en défaut au nom de la proposition que la vérité est illusion, il tombe à son tour sous le coup de l'accusation, etc. Laissons donc cela. (Cf. Heidegger, *ibid.,* p. 390-391.)

Ce qui déplace tout autrement le problème, c'est que précisément la vérité est énoncée *comme évaluation.* Si la probité dit le vrai sur la vérité, la probité est à son tour une évaluation. Certes, ce n'est pas l'évaluation de M. Nietzsche. La probité est au contraire ce qui dit : « Mais laissons là M. Nietzsche ! » (avant-propos du *Gai Savoir.*) La probité est la reconnaissance absolue et dernière de l'évaluation, par-delà tout évaluateur : *elle est elle-même* l'auto-évaluation. On pourrait dire : la probité est le caractère le plus propre de l'Etre nietzschéen, en tant qu'il est évaluation et évaluation de l'évaluation.

La probité est alors *le* caractère ontologique, ou l'ontologie comme caractère moral. Nous avons ainsi seulement gagné un *mot* pour nommer l'auto-évaluation fondamentale — un mot *moral* et qui confirmerait donc le résultat antérieur.

Mais — qu'est-ce qu'une probité sans vérité, ou, ce qui revient au même, en guise de vérité ? Qu'est-ce que la probité de quelqu'un qui n'a que des informations erronées ? C'est seulement de la *sincérité*, et le caractère ontologique en question devient alors tout platement un caractère subjectif au sens psychologique, anthropologique du mot. On retomberait dans l'opinion de M. Nietzsche...

Si Nietzsche donne à ce mot un tel relief, d'une part, et si d'autre part l'analyse de Heidegger est exacte, c'est peut-être que ce mot, par lequel en effet on pourrait baptiser la vérité ontologique de Nietzsche, reste malgré tout à interroger. La probité excède ou dérange peut-être l'*homoiôsis* à laquelle pourtant elle répond. Elle mettrait en jeu, dans l'identité morale de la métaphysique nietzschéenne, une « tout autre » morale.

Comment et pourquoi ? c'est ce que je voudrais essayer de montrer.

D'abord, en encadrant ce mot de « probité » de quelques indications générales. Ensuite, en allant examiner la fonction précise qu'il joue dans un texte consacré à la morale.

Les indications sont au nombre de quatre.

La première indication aura, dans le contexte de cet exposé, une portée relativement limitée. Mais elle serait de plus grande conséquence si nous nous mettions à « traiter » vraiment de la probité chez Nietzsche.

Il s'agit de constater que la probité est sans doute pour Nietzsche un motif qui ne fut d'abord ni philosophique ni même moral, mais « scientifique » : la *Redlichkeit* caractérise l'attitude du *philologue*. Le vrai philologue est *« ein redlicher Philolog »*, comme Nietzsche le nomme dans *Homère et la philologie classique*. Ou plus exactement peut-être, si la philologie dont il est inutile de rappeler ici le rôle historique et théorique dans la pensée de Nietzsche (cf. Sarah Kofman, *Nietzsche et la métaphore,* et dans *Nietzsche aujourd'hui,* actes du colloque de Cerisy de 1972, les communications d'Eric Blondel et de Heinz Wismann ; cette dernière, notamment, a précisément pour titre et pour objet *Nietzsche et la philologie*), si la philologie ne fournit pas le modèle entier de la *Redlichkeit* tel que nous allons le voir se tracer, elle figure du moins, face au mensonge de la morale, l'*honnêteté* dont parle, par exemple, le paragraphe 84 d'*Aurore*. Et elle nomme, beaucoup plus tard, dans un fragment posthume (n° 479 de WM), l'expérience la plus exigeante : « Pouvoir lire un texte *comme texte,* sans interposer d'interprétation, est la forme la plus tardive de "l'expérience intérieure" — peut-être une forme à peine possible... » Sans plus développer, contentons-nous de cette première indication : la probité est d'abord la vertu philologique du face-à-face avec une parole nue, affrontée sans détours.

Les deux indications suivantes sont prises dans deux passages où Nietzsche caractérise la probité de la façon la plus marquée (il y en a d'autres, bien sûr : par exemple, *Zarathoustra,* IV, « Des hommes supérieurs », 8 ; *Aurore,* paragraphe 482 ; *Par-delà le bien et le mal,* paragraphe 227).

Tout d'abord, le paragraphe 456 d'*Aurore*. Nietzsche y déclare que les assurances données par les morales antique ou chrétienne sur les liens du bonheur et de la vertu n'ont jamais été *probes,* bien qu'elles n'aient pas non plus relevé d'une falsification délibérée : simplement, dit-il, quand on se *sent* désintéressé, on traite la vérité à la légère, et on se contente de « ce niveau de véracité ». En revanche, ajoute-t-il :

> « Remarquons bien que la *probité* ne fait partie ni des vertus socratiques, ni des vertus chrétiennes : c'est l'une des plus récentes vertus, encore peu mûre, encore souvent confondue et méconnue, encore à peine consciente d'elle-même, — une chose en devenir que nous pouvons encourager ou entraver, selon notre sentiment. »

La probité est donc une vertu d'après les vertus, une vertu encore à venir. On ne saurait par conséquent la régler sur aucune vérité donnée, et sa véracité — sa *Wahrhaftigkeit* — est d'un « niveau » plus radical que celui des vérités morales. Ce qui signifie ici tout spécialement que cette véracité doit se soustraire à la liaison de la vertu et du bonheur (de la béatitude, de la récompense ou de la satisfaction en général : accent *kantien* que je vous prie de remarquer et de garder en mémoire). Et la probité est *en devenir* (c'est le titre de l'aphorisme : *eine werdende Tugend*) : non seulement peut-être parce qu'elle a encore à s'accomplir, mais parce qu'elle est essentiellement vertu-en-devenir, vertu, précisément, de l'inlassable réévaluation qui est la vertu « même ».

Cette seconde indication, vous le voyez, est double : 1) elle permet bien d'identifier la *Redlichkeit* avec le devenir lui-même « comme vertu », en somme, ou à la limite ; 2) mais elle fait aussi de cette *Redlichkeit* une étrange probité, qui précéderait en quelque sorte la vérité dont elle devrait être le respect ou le témoin, qui précéderait ou qui différerait indéfiniment la *référence* de sa véracité.

Ensuite — troisième indication —, le paragraphe 370 d'*Aurore* :

> « Ne jamais réprimer ni te taire à toi-même une objection que l'on peut faire à ta pensée ! Fais-en le vœu ! Cela fait partie de la probité première de la pensée. Tu dois chaque jour mener aussi campagne contre toi-même. »

En ce sens précis, et bien connu chez Nietzsche du « penser contre soi-même », la probité apparaît peut-être le plus purement dans son essence de devenir. C'est-à-dire que si nous ne faisons pas de ce précepte une simple recette psychologique, hygiénique, et si nous n'en faisons pas non plus une simple sentence morale (car dans ce cas elle opposerait seulement *la* vérité absolue à ma pensée limitée), alors il se pourrait bien que ce précepte signifie la nécessité, pour la pensée nietzschéenne, de se *contre-dire* résolument et incessamment, de ne pas s'adosser à elle-même, de ne pas faire fond sur sa propre vérité, et *pas même sur sa vérité morale déposée comme évaluation de l'évaluation.*

Autrement dit, à travers cette indication et la précédente, la *Redlichkeit* nomme peut-être chez Nietzsche *à la fois* la vérité morale ultime de la métaphysique et quelque chose qui emporte cette vérité hors d'elle-même. Si la probité consiste d'abord dans la reconnaissance de l'être comme devenir, elle consiste ensuite dans la reconnaissance du devenir de la probité elle-même. Sans doute alors s'approprie-t-elle l'essence du devenir de la manière la plus fondamentale. Mais le « fondamental », ici, s'ouvre sur son propre effondrement. La probité envers la probité, la probité *contre* la probité, c'est-à-dire la probité contre l'*homoiôsis* du devenir dans sa présence, est-ce que cela permet encore de faire une « vérité », et d'appuyer la *Redlichkeit* sur une *Wahrhaftigkeit* ?

Est-ce que cela n'indique pas plutôt un effondrement du sol métaphysique non pas au sens d'une pure et simple ruine pour cause d'achèvement, mais au sens d'un affrontement inouï de ce qui, dans toute vérité, fait son fond ? La *Redlichkeit* doit peut-être affronter ce qui à la fois *confère et retire sa vérité à la vérité* ; c'est-à-dire aussi ce qui, dans toute pensée, confère et retire à la fois la pensée : non pas un « impensé » que l'on pourrait cerner et s'approprier, mais si j'ose dire l'« impensement », disons l'égarement de la pensée en elle-même — bref, cette *folie* que Nietzsche, malgré tout, affronte (et même si cet affrontement n'est pas simple, et si la façon dont Heidegger l'oblitère en lisant Nietzsche n'est pas simple non plus : je renvoie là-dessus à « L'oblitération » de Philippe Lacoue-Labarthe, dans *Le Sujet de la philosophie*).

Or il se trouve que la *Redlichkeit,* c'est aussi le regard porté sans feinte ni concessions sur l'universalité « du délire et de l'erreur » : c'est ainsi que la caractérise le paragraphe 107 du *Gai Savoir*. Elle est la vision implacable, cruelle, de l'aberration « fondamentale » (cf. *Zarathoustra,* IV, « La sangsue »).

C'est cette folie que *Ecce Homo* (qui pourrait bien être le livre de la *Redlichkeit* par excellence) affronte en la jouant mais joue aussi en l'affrontant. Car ce que ce livre affronte — brutalement — c'est au fond l'impossibilité de désigner à l'humanité, à la pensée humaine, l'acte de sa *Selbstbesinnung* (ainsi que l'*Umwertung* s'y trouve qualifiée ; cf. *Pourquoi je suis une fatalité,* I) sans lui retirer toute assise, tout appui, tout fondement et tout *selbst* pour cette *Selbstbesinnung* — ne lui proposant, du coup, que le *selbst* de Nietzsche lui-même, autant dire (car cette exhibition n'a rien de subjectiviste, on ne revient pas à « M. Nietzsche »), rien, un *guignol,* et pourtant ainsi, justement ainsi le premier

« honnête homme », le premier homme *anständig,* ce qui doit bien impliquer quelque *Redlichkeit.*

Pour préciser encore : la probité qui aboutit à *Ecce Homo,* c'est celle qui passe par l'exhibition d'un sujet — et par une exhibition d'histrion, sans en exclure le cabotinage — en tant que vérité de l'évaluateur à l'œuvre dans toute évaluation ; mais c'est une exhibition forcenée — au sens le plus fort et le plus *fou* du mot — parce que ce qui est ainsi évalué n'est jamais le sujet, ni *ce* sujet — M. Nietzsche — ni *le* Sujet, et parce que la vérité évaluante, ici, fait bien plutôt littéralement voler en éclats la subjectivité du sujet à laquelle pourtant elle renvoie. La probité est probité devant la nature *insoutenable* de la pensée de la vérité. (Comme telle, et aussi dans sa proximité avec la folie, elle entretient sans doute un troublant rapport de *double* avec la *franchise* de Descartes, avec cette évaluation principielle de la franchise qui commande le *Discours* et le fait s'ordonner tout entier en une « fable de la franchise ».)

La probité se mettrait alors à désigner moins l'auto-évaluation que l'impossible, l'impensable « soi » de l'éva-luation, la perte sans retour de soi et du Soi dans l'évaluation même. Et si l'évaluation suppose bien, dans le sujet évaluateur, une essentielle *volonté,* la *Red-lichkeit* fait peut-être *la volonté de la volonté qui avoue ne pas se vouloir elle-même,* ne pas pouvoir se vouloir, ou plutôt ne pas vouloir se vouloir (cf. pour un rappel lapidaire : « Vouloir est un préjugé », fragment posthume d'*Aurore* 5 (47), et *Aurore* paragraphe 124) — et qui avouerait ainsi *devoir* ce non-vouloir, cet égarement de soi.

Mais n'allons pas trop vite.

Mettons en place la quatrième indication sur la *Redlichkeit.*

Elle ne vient pas de Nietzsche, mais de la langue, de ce mot de *Redlichkeit.* (Ce sera donc une indication *philologique,* ce qu'il faut entendre aussi sur le mode *witzig* que Nietzsche a lui-même requis dans la philolo-gie ; cf. mon exposé « La thèse de Nietzsche sur la téléologie » au colloque de Cerisy.)

Qu'est-ce que la *Redlichkeit* ? C'est d'abord, conformé-ment à l'un des tout premiers sens de *Rede* (le compte,

la *Rechnung*), l'honnêteté commerciale, le compte exact
ou bien rendu, la conformité au calcul, à l'*arithmos* et
au *logos*. C'est la conformité scrupuleuse à la loi. En
tant que discours, que *Rede* (vous remarquez que ce mot
a presque toutes les propriétés de *logos,* et que *redlich,*
à ce compte, c'est presque *logikos.* Maître Eckhart
traduisait *ratio* (comme raison humaine) par *Red-*
lichkeit, au sens de faculté de parler, de juger»), c'est
un propos en somme qui est bien conforme à ce qu'il
dit. Est *redlich* l'énoncé qui correspond bien à ce dont
on rend compte. C'est un discours adéquat, un *logos*
homoios: le discours de la vérité en quelque sorte. Sans
doute, mais avec, si je peux m'exprimer ainsi, quelque
chose en plus. La qualité de la *Redlichkeit,* qui est
celle d'une personne avant d'être celle d'un discours,
implique que je peux être sûr de ce qui est dit, que je
n'ai pas à le soupçonner. La *Redlichkeit,* c'est ce dont on
n'a pas à *vérifier* la véracité. C'est moins une adéquation avec quelque chose qui demeure ailleurs, derrière
le discours, qu'un discours qui est par lui-même la
restitution — non pas au sens de la reproduction, mais
bien au sens de la restitution d'un dépôt, exemple
canonique de probité —, ou la re-présentation (et non
l'*homoiôsis*) d'un compte, d'un calcul, d'un *logos.* C'est
une vérité qui n'est pas soumise au contrôle de son
adéquation, ou dont l'adéquation — si le concept a
encore un sens ici — est immédiate, évidente, donnée
avec l'énoncé lui-même. La *Redlichkeit,* que l'on traduit
en français par «probité» mais aussi par «loyauté», est
une parole qui ne peut être mise en doute: et cette
impossibilité ne vient pas d'une autorité, ni d'une
vérification quelconque. Cela ne relève pas de l'ordre du
savoir, et pas non plus de la croyance. Ici encore, si
vous voulez, la *Redlichkeit* ressemble à un *cogito,* sans
cogitatio et peut-être, nous le verrons, sans *ego.*

On pourrait chercher à en donner l'équivalent psychologique et moral dans l'exemple de ce qu'on appelle
«une personne d'une probité — ou d'une loyauté — à
toute épreuve». Mais cet équivalent suppose précisément l'épreuve faite, la vérification opérée, par l'expérience, de la véracité constante de cette personne, ou de
son constant respect de la loi et de la parole, ou de la
loi de la parole. La *Redlichkeit* en elle-même, détachée

de toute psychologie morale, apparaît en revanche
comme une parole *par elle-même légale,* ou loyale. Et ce
qui fait l'insuffisance d'une équivalence psychologique
fait aussi qu'aucune véracité métaphysique ne peut être
identique à la *Redlichkeit* comme telle : toute vérité
implique précisément sa vérification, ou s'implique elle-
même comme autovérification. Même la véracité du
Dieu de Descartes implique l'épreuve et la preuve que
Dieu ne peut être trompeur, assurance sur laquelle
Descartes insiste même lourdement.

La *Redlichkeit* n'est pas en ce sens la véracité. Elle
ne consiste pas dans l'*homoiôsis* d'un énoncé (ou des
intentions de l'énonciateur : j'ai déjà tout à l'heure
écarté la sincérité de la probité) à quelque réalité. Elle
est en quelque sorte la parole qui ne vaut que comme
la parole, mais qui vaut absolument et sans vérification.
En cela, parole à la limite de la parole : c'est une *vertu,*
non un *dicours.* Ou bien encore, parole aussi bien toute
puissante que parfaitement démunie.

La probité est ou fait ce qu'indique le mot de probité
(*probus*) : ce qui est par soi-même et à soi-même son
épreuve et sa preuve, ce qui est « de soi » probant ; ou
encore, dans ce qu'indique la *loyauté,* une présence de la
loi nue, de la loi comme telle, à travers un sujet mais
en somme malgré lui, en tout cas indépendamment de
lui. La *Redlichkeit* fait au moins signe vers quelque
chose d'avant la vérité, et d'avant le sujet. Ou bien
encore, elle fait signe vers *la vérité* elle-même en tant
que la loi absolue de la parole. Ce qu'indique la *loyauté,*
c'est que la vérité est la loi de la parole — et peut-être
faudrait-il ajouter que cette loi est l'« essence » de la
parole. Cette vérité — *la* vérité — n'est pas une
homoiôsis : la loi n'est pas que la parole dise le vrai *sur*
quelque chose. Mais la loi est que la parole seule
installe ou déclenche la possibilité de la vérité. Le
mensonge — c'est une vérité bien connue — ne vaut
comme mensonge que parce qu'il obéit à cette loi.

Munis de ces indications, adressons-nous à un texte
de Nietzsche que la *Redlichkeit* commande — c'est le
cas de le dire, comme vous le verrez — de manière
absolument essentielle, bien que ce ne soit pas un texte
sur la *Redlichkeit.*

C'est le paragraphe 335 du *Gai Savoir.*

Il est intitulé: «Vive la physique!» (*Hoch die Physik!*), mais il se conclut ainsi: «*Hoch die Physik! Und höher noch das, was uns zu ihr* zwingt — *unsere Redlichkeit!*» (Et vive encore plus ce qui nous y *contraint* — notre probité!)

Comment en vient-on à cette conclusion, qui se présente donc comme une évaluation suprême de la probité, voire comme l'évaluation de la probité comme valeur suprême?

L'objet de l'aphorisme est une critique du jugement moral: c'est-à-dire non pas de la morale ou de telle morale dans son contenu, ses critères et ses valeurs, mais de l'*acte* du jugement moral pris pour lui-même, ou encore de la nature de la déclaration «ceci est juste»/«c'est ce qu'il faut faire» prise pour elle-même. Autrement dit, il s'agit d'une critique de l'acte et de la forme de l'évaluation morale.

Cette critique passe par deux grands moments: la critique de la «voix de la conscience» en général, et la critique de l'impératif catégorique de Kant. Après quoi Nietzsche en appelle à «nous autres qui voulons devenir (...) ceux-qui-se-créent-eux-mêmes, et qui pour cela doivent devenir les meilleurs inventeurs de tout ce qui est conforme à la loi et à la nécessité dans le monde», qui doivent donc «être des physiciens pour pouvoir être des créateurs». Ainsi, «Vive la physique!», et, ou mais, *coda*: «Mais vive encore plus ce qui nous y *contraint* — notre probité!»

Ce schéma grossier de l'aphorisme correspond à quelque chose de trop classique chez Nietzsche pour avoir besoin de commentaire: à l'évaluation morale qui ne soupçonne pas une minute que son jugement sur le «bien» «pourrait toujours être une preuve de misère personnelle, d'impersonnalité, d'entêtement ou d'incapacité à concevoir de nouveaux idéaux», Nietzsche oppose la «création de nouvelles tables» par ceux qui se font «les meilleurs disciples» de la «nécessité» de la vie, par des «physiciens» donc, qui tout d'abord — c'est implicite — auront su reconnaître la physique et la physiologie du jugement moral, de l'évaluation. («Ton jugement, "voilà qui est juste" a une préhistoire dans tes impulsions, tes penchants, tes répulsions, tes expériences, tes manques d'expérience.»)

Ce qui est en revanche moins évidemment « classique », c'est précisément ce qui déborde un peu ce schéma, et qui tient dans la *coda* ou dans la pointe de l'aphorisme : « Vive la physique ! Mais surtout, vive notre probité ! » « Vive la physique ! » est une évaluation. Mais ce qui a plus de valeur encore, c'est ce qui nous fait porter cette évaluation, c'est notre probité, qui nous oblige, nous force à dire : « Vive la physique ! »

Cette probité a donc toute l'allure d'un jugement moral, ou plutôt de ce qui le commande, d'une voix de la conscience ou d'un sentiment moral. Mieux encore, elle semble flanquée de tous les attributs du sentiment moral tel qu'il a été critiqué : la conscience de sa « solidité », de sa « force », la soumission totale qu'il entraîne à sa prescription, etc. Il ne sert à rien de faire remarquer que la probité consiste ici justement à se soumettre à la physique contre la morale : ce qui compte, c'est que cette soumission, elle, *n'est pas physique* mais morale. Il y faut de la probité, il y faut *notre* probité, qui n'est sans doute pas celle de celui qui écoute la voix de sa conscience morale (mais celui-là, précisément, manque de probité...), mais qui est sans doute *la* probité par excellence — et du coup, de quelque manière qu'on veuille tourner la chose ou tourner autour d'elle, l'obéissance à... une conscience morale, du moins dans ce contexte et sans autres explications.

En vérité, le surgissement *in fine* de cette probité ressemble tellement à l'assurance et à la suffisance du jugement moral incriminé, qu'on est en droit d'y voir une ironie : comme si Nietzsche, à la limite, déclarait, anéantissant son propos : « Mais moi aussi, moi tout le premier, j'obéis à ma certitude morale » (et si nous apprenons avec Nietzsche à penser contre lui, il ne faut même pas exclure cette leçon) : mais aussi, et de façon plus aisément déchiffrable, comme s'il disait : « Je peux, parce que j'ai reconnu la physiologie du jugement moral, m'appuyer avec une certitude absolue sur le jugement de ma probité, qui comporte d'abord le jugement du jugement, et je m'approprie à bon droit la "force morale" que je vous ai déniée. » L'ironie n'en subsiste pas moins : car ce à quoi fait place la critique féroce du jugement moral, ce n'est pas la positivité d'une conformité à la nature — ce n'est pas un jugement d'existence en place d'un jugement de valeur, et ce n'est pas une vérité qui serait adéquation à la *physis*: c'est un jugement de valeur qui nous fait reconnaître et louer la «physique». Il nous la fait reconnaître, certes, comme le lieu ou le régime d'une «conformité à la loi et à la nécessité dans le monde», conformité dont nous devons être «les meilleurs disciples», mais il nous fait reconnaître et choisir cette «physique» comme le lieu même de la création de nouvelles valeurs, car nous avons aussi à être «les meilleurs inventeurs» de cette légalité et de cette nécessité.

Créer des valeurs, c'est en somme créer — re-créer — la nécessité du monde, c'est s'identifier à sa loi comme à l'évaluation même, comme à la véritable physique et physiologie de l'évaluation. La probité, c'est de se soumettre à la nécessité de cette *physis* évaluante; ou plutôt, c'est là l'effet de la probité.

Car la probité *comme telle,* en tant que vertu et acte de cette vertu, c'est l'évaluation reconnaissante de la *physis* évaluante et législatrice. Cet acte vertueux, c'est l'acte même d'un jugement moral, d'une certitude et d'une discipline intimes, et l'affirmation puissante de leur force de conviction. C'est un tel acte entièrement épuré, si l'on peut dire, reconduit à sa *forme,* à son *geste purs,* à ce qu'on pourrait appeler *le schème de probité de toute décision évaluante.* Cet acte est ici débarrassé de tout contenu — il n'en a d'autre que «la nécessité et la loi du monde»: mais en cela il est encore formellement (or il ne reste que la forme...) semblable au jugement moral critiqué, car la critique n'a pris en considération aucun contenu moral défini. Elle ne s'en est prise qu'à l'acte de juger.

Mais «notre probité» figure cet acte épuré d'autre chose encore que de son contenu moral. Contrairement à ce que nous pouvions croire au premier abord, l'acte de juger est ici épuré de la *conscience* d'où il procède pour le moraliste.

Car Nietzsche a demandé à ce moraliste: «Pour ta *croyance* (c'est-à-dire, une fois que tu crois à ton jugement, une fois que tu as obéi à ta conscience morale) il n'y aurait donc plus de conscience? N'as-tu aucune notion d'une conscience intellectuelle? D'une conscience derrière ta "conscience"?» *Notre probité,* c'est cette conscience de derrière la conscience. C'est la « conscience intellectuelle » de la physiologie de la conscience morale. En ce sens, la *Redlichkeit* est épurée de la « conscience » comme intimité et certitude d'un sujet qui se rapporte — sans connaître la loi de ce rapport — à un idéal. La probité est épurée de la conscience comme conscience de soi, comme conscience du Soi en tant que celui-ci rendrait un témoignage moral. La *Redlichkeit* relève de la « conscience intellectuelle », mais celle-ci n'est pas un *Selbstbewusstsein,* ni même un *Bewusstsein,* c'est un savoir, un *Wissen* (le mot n'y est pas, mais bien le concept, par exemple dans l'accusation de l'ignorance — *Unkenntnis* — de la physique chez les moralistes). C'est le *Wissen* de la nécessité, et c'est ainsi la *vérité physique* qui se fait reconnaître dans la *Redlichkeit.* Et elle se fait connaître et reconnaître à partir d'ailleurs que d'un sujet, à partir d'ailleurs que d'une conscience de soi.

Mais *en même temps* ce savoir de la nécessité, de la vérité de la nécessité, se fait connaître comme un *Gewissen* : c'est le mot que Nietzsche emploie pour la « conscience intellectuelle », et ce mot désigne toujours avant tout une conscience morale. Pour être claire et exacte, la traduction devrait écrire : « N'as-tu aucune notion d'une *conscience morale intellectuelle* ? » La *Redlichkeit* est une conscience morale qui ne consiste en rien d'autre que dans la conformité à la loi de la *physis.* Le caractère *moral* s'y évanouit ou s'y sublime — ou peut-être s'y transvalue-t-il lui-même — en un savoir de la loi de la nature, savoir qui se donne immédiatement comme évaluation, comme *Gewissen* évaluant ce *Wissen* de la législation universelle. La physiologie se fait axiologie — mais contre toute axiologie. Telle est la *Redlichkeit.*

Aussi singulière que soit cette construction, elle se laisserait pourtant à son tour ramener à quelque modèle métaphysico-moral (d'un type stoïcien peut-être). Aussi n'est-ce pas encore cela qui introduit l'altérité décisive de la « morale » nietzschéenne. Pour approcher cette altérité, nous devons encore considérer la critique de l'impératif catégorique — que mon commentaire a jusqu'à présent contournée.

L'impératif catégorique constitue dans cet aphorisme le seul cas de morale spécifiée que Nietzsche envisage. Pourquoi? parce que *cette* morale — disons, la morale kantienne — ne présente rien d'autre, au titre du contenu, que l'impératif lui-même (dans son premier énoncé, pur et essentiel; or Nietzsche ne dit rien ici des énoncés suivants, il ne parle donc pas, en particulier, de «l'homme comme fin»; mais il ne parle pas non plus du second énoncé, qui détermine ou qui exemplifie la «loi universelle» comme «loi universelle de la nature», c'est-à-dire, en précipitant un peu les choses, comme... physiologie...). Et l'impératif lui-même n'offre rien d'autre que la *forme,* tout justement, du jugement moral, sa «solidité», son «absoluité» ou son «inconditionnalité», et sa visée de l'universalité. Nietzsche s'en prend donc à l'impératif catégorique parce qu'il exhibe à nu, comme prescription morale, l'acte même du jugement moral. Nietzsche s'en prend à une évaluation qui est l'évaluation du jugement évaluant lui-même — et peut-être l'évaluation du *jugement* pris absolument dans l'universalité de sa prétention ou de sa visée (essentielle déjà, chez Kant, au jugement de connaissance, ainsi que le prouve l'*Usage régulateur des idées de la raison)* érigée en universalité de droit, et d'un droit qui se présente immédiatement, dans l'impératif, comme valeur absolue.

Avec l'impératif catégorique, Nietzsche s'en prend donc en effet à l'exhibition de l'essence du jugement évaluant, et la seconde partie de l'aphorisme, au lieu de passer à l'examen d'un cas particulier, radicalise l'attaque à laquelle se livrait la première partie. Mais vous avez remarqué que l'impératif catégorique se trouve en même temps dans une situation qui ressemble de façon troublante à celle de la probité. Dans les deux cas, c'est la même épuration et la même radicalisation qui sont en jeu; dans les deux cas, on se trouve en face d'une «morale» dont le contenu n'est rien d'autre que la forme de l'évaluation elle-même.

Faut-il donc mettre ou lire Kant dans Nietzsche — au moins dans le Nietzsche de cet aphorisme? C'est en

effet ce que je crois indispensable, et non pas comme
une opération sophistiquée (et sophistique), mais bien
comme le seul moyen de pénétrer de manière satisfai-
sante à l'intérieur de la *Redlichkeit*.

L'introduction de Kant dans Nietzsche n'est ici provo-
catrice ou paradoxale qu'à un niveau très superficiel.
En effet — et pour donner une première raison, d'ordre
historique —, c'est à un Kant assez mal connu, et
connu à travers des interprétations très limitatives, que
Nietzsche s'en prend ici (et il en va de même, on peut
le montrer, en plus d'un autre passage). La « morale
kantienne » qu'il vise ou pis encore, le moralisme
kantien, s'ils correspondent bien à une strate et à un
ton du discours de Kant, sont loin de rendre compte des
véritables enjeux de sa pensée. Nietzsche ne méconnaît
d'ailleurs pas tout à fait ces enjeux, puisque ce passage
est aussi l'un des rares qui contienne un hommage à
Kant (« c'est pourtant lui qui avait brisé la cage » de la
métaphysique, du théologisme, et par conséquent du
moralisme). Il n'en reste pas moins prisonnier d'une
lecture qui ressemble plus à celle des kantiens de
seconde ou de troisième génération qu'à celle, par
exemple, de Hegel. (A moins, autre hypothèse qu'il ne
faut pas non plus refuser, que tout se passe comme si
Nietzsche, à la limite, faisait exprès de détourner
l'impératif catégorique de sa position kantienne la plus
stricte, afin de pouvoir en faire le repoussoir... de son
propre impératif de probité !)
    En effet, l'impératif catégorique est ici présenté sous
trois motifs qui ne lui conviennent à aucun titre :
    1. L'impératif est la « punition » réservée au « vieux
Kant » pour avoir « épié et happé » *(erschlichen)* la
« chose en soi ». Inutile d'insister, du moins dans cet
exposé : Heidegger, Granel, d'autres encore nous ont
assez appris que Kant ne « capte » ni ne « gobe » la
« chose en soi ». Vous me direz que Nietzsche n'avait
pas lu Heidegger — mais il avait lu Schopenhauer, c'est
le moins qu'on puisse dire, et il avait pu en retenir
autre chose à propos de la « chose en soi » (je vous
renvoie simplement au début de la « Critique de la
philosophie kantienne » à la fin du *Monde*). S'il y a

bien, selon la formule de Granel, une «équivoque
ontologique» de Kant, le côté de cette équivoque selon
lequel la chose en soi est l'indice négatif d'une pure
phénoménalité pouvait déjà être accessible à Nietzsche.
Mais, là encore, ne voudrait-il pas réduire Kant à son
«autre côté» — et cela en raison même d'une trop
grande proximité de sa propre pensée avec celle de
Kant?

2. Kant, écrit Nietzsche, «fut à son tour épié et
surpris par l'"impératif catégorique", et, dans son cœur,
en vint à se *fourvoyer de nouveau* du côté de "Dieu", de
l'"âme", de la "liberté" et de l'"immortalité", pareil à
un renard qui se fourvoie à nouveau dans sa cage — or
c'était *sa* force et *son* intelligence qui avaient *brisé* cette
cage!».

Ici la cécité — ou le manque de probité — devient
encore plus flagrante. Car c'est vraiment se refuser à la
plus simple lecture de Kant que de passer sous silence
le statut des *postulats* de la raison pratique. Ce statut
n'est assurément pas simple, mais ce n'est pas ici le
lieu de l'examiner. Il importe cependant de signaler que
la *liberté* n'a sans doute pas tout à fait le même statut
que les autres postulats (je l'étudierai ailleurs). Et il
suffit, de manière générale, pour prendre la mesure du
«fourvoiement» de Kant, de rappeler un texte parmi
bien d'autres: «la théologie ne pourra jamais devenir
pour nous *théosophie,* et de même la *psychologie rationnelle* ne pourra jamais devenir *pneumatologie*»
(3ᵉ *Critique,* paragraphe 89). Mais surtout, par quelle
erreur ou par quelle malice peut-on faire comme si les
postulats avaient quelque chose de commun avec l'établissement de l'impératif catégorique, lequel en est
totalement à l'écart (il n'y a qu'à lire les *Fondements de
la métaphysique des mœurs*)?

3. Enfin, Nietzsche caractérise ainsi l'impératif lui-
même: il serait le «sentiment que "en cela tous les
autres doivent juger comme moi"». Et Nietzsche d'iro-
niser sur l'«absoluité» d'un pareil jugement, en s'é-
criant: «Admire plutôt ici ton *égoïsme*! L'aveuglement,
la mesquinerie et le manque d'exigence de ton égoïsme!»

Mais l'énoncé de l'impératif catégorique n'a strictement rien à voir avec ces formules, qui sont en effet

celles d'un égoïsme totalitaire, *impérialiste* et non
impératif au sens de Kant. Car l'impératif s'énonce :

> « N'agis que selon une maxime telle que par elle tu peux
> en même temps vouloir qu'elle devienne une loi univer-
> selle. »

L'impératif ne consiste donc pas du tout, pour citer
encore Nietzsche, à « éprouver son jugement propre
comme une loi universelle ».

Il consiste exactement dans l'*inverse* : à n'accepter
comme jugement mien (comme maxime) que ce qui peut
se présenter comme loi universelle. Car c'est la maxime
elle-même qui doit pouvoir me déterminer à la vouloir
comme loi universelle, et ce n'est pas moi, surtout pas
moi (surtout pas ce « moi » pathologique, aurait dit
Kant), qui peux la déterminer comme telle. Le texte de
Kant est formel : « *nach derjenigen Maxime,* durch die
du zugleich wollen kannst... ». Certes, cela ne se
comprend pas facilement, et c'est bien pourquoi certains
éditeurs des *Fondements* ont pu proposer de corriger en :
« *...Maxime,* von der *du zugleich wollen kannst...* »
(« maxime *de laquelle* tu peux vouloir » au lieu de « *par
laquelle* » ; au fait, quelle édition avait lue Nietzsche, s'il
en a lu une ?). Mais une telle correction manque
fondamentalement la *pensée,* la difficile pensée de
l'impératif. Elle rend l'universalité hétérogène à la
maxime, et appliquée sur la maxime par une volonté
arbitraire — ou du moins par une volonté dont on se
demande où elle peut prendre le critère de son vouloir.
Nietzsche se laisse prendre au piège d'une erreur, et
d'une erreur qui n'est si répandue, si insistante dans
l'interprétation (même là où on ne va pas jusqu'à
corriger le texte de Kant) que parce qu'elle consiste
justement à ramener l'impératif catégorique sous la loi
commune d'une « conscience morale » du sujet, et du
caractère précisément subjectif de son évaluation. Or
c'est à cette subjectivité de l'évaluation que l'impératif
catégorique se soustrait absolument [2].

---

2. On peut ajouter une précision, qui ne concerne pas le texte de
Nietzsche, mais une autre — et parallèle — altération courante de
l'impératif. On le cite souvent sous la forme : « Agis *comme si* ta
maxime pouvait être érigée en loi universelle... » Mais ce *comme si*
n'apparaît que dans la *deuxième* formulation, qui renvoie au « type »
d'une « loi de la nature ». Il n'apparaît pas dans la première

(Je laisse de côté le commentaire qu'il faudrait encore ajouter sur un autre passage de l'aphorisme: Nietzsche revendique la nature *inconnaissable* des actes moraux en général. Rien de plus facile que de reconnaître là un motif propre à Kant...)

Dès lors, à quelle opération devrons-nous dire que se livre, sinon Nietzsche, du moins le texte de cet aphorisme?

A celle-ci: il récuse le pseudo-Kant d'une morale du sujet, et il réinscrit pour son propre compte, dans la *Redlichkeit*, l'essence de l'impératif catégorique.

Que dit la *Redlichkeit*, en effet? qu'il nous *faut* — car elle nous contraint, elle nous *zwingt* — reconnaître la loi de la *physis*, c'est-à-dire la seule nécessité qui échappe à l'arbitraire et à l'inconscience de la «conscience morale». Que dit l'impératif catégorique? qu'on ne doit reconnaître qu'une maxime qui implique l'idée de son universalité — et comme vous le savez, dans le deuxième énoncé de l'impératif, cette idée se déterminera, selon ce que la deuxième *Critique* nommera le «type» de la loi morale, en idée de «loi universelle de la nature».

Que la *physis* de Nietzsche et la nature de Kant ne soient pas identiques, sans doute (encore faudrait-il y regarder de près). Que les conditions de production de l'impératif catégorique et de la *Redlichkeit* soient bien différentes, sans doute encore: le premier prétend être puisé dans un témoignage de la conscience commune, la seconde s'oppose avec violence à la commune conscience de la moralité. Mais là encore, il faudrait y voir de plus près: et il faudrait se demander si la *probité* nietzschéenne ne consiste pas justement à affirmer avec brutalité ce qui motive Kant, mais que Kant jusqu'à un certain point dissimule (ou se dissimule à lui-même), à savoir la *dévaluation* générale de toute morale en tant que fondée sur la représentation d'un idéal, d'une valeur et d'une fin (c'est-à-dire, en termes kantiens, fondée dans le régime de l'impératif hypothétique).

formulation, ni dans la troisième (où la loi est remplacée par la nature finale et législatrice de l'humanité en chacun). Enfin, l'unique formule de la *Critique* (postérieure aux *Fondements*) est: «Agis de telle sorte que la maxime de ta volonté puisse toujours valoir en même temps comme principe d'une législation universelle.»

A ce compte, c'est la *Redlichkeit* qui permettrait d'entendre au mieux l'impératif catégorique. Mais ce serait cet impératif qui donnerait le vrai régime de la probité.

Et il le donnerait essentiellement par ceci : l'impératif n'est pas l'énoncé du sujet, ni d'aucun sujet. L'impératif — ce mode verbal dont Benveniste a montré qu'il n'était *pas* verbal et qu'il n'était *pas même* énoncé : personne ne le *prononce* — s'impose au sujet, il le *zwingt,* du dehors, d'un dehors si absolument dehors qu'en lui se mêlent la *physis* de Nietzsche (car d'où vient la *Redlichkeit,* d'où parle sa *Rede,* sinon de la nature même en son chaos ?) et la « raison » de Kant (qui en somme se reçoit elle-même en elle-même *du dehors* lorsqu'elle reçoit l'impératif).

Alors, entre Kant et Nietzsche, quelque chose de tout autre travaille en effet la mêmeté de la morale[3]. Car Nietzsche accomplit ce qui pointe avec Kant comme la résorption de la valeur dans l'évaluation, et dans la volonté de l'évaluation (ce qui mesure la maxime, c'est qu'elle me fasse la *vouloir* comme loi : c'est qu'elle soit la loi du vouloir de la loi). Ainsi s'accomplit la morale de la subjectité, ou la subjectité *en tant que* morale. Mais ce *même* geste extrême — qui réduit tout au *geste,* en effet, à l'acte de juger, d'évaluer, à un « évaluer » absolu et sans sujet parce que *c'est lui le* Sujet —, ce même geste pourtant est emporté hors de lui-même.

L'impératif n'est prononcé par personne — la *Rede* de la *Redlichkeit* n'est la voix de personne, la voix ni le discours d'aucune conscience ; elle est ce qui bien en deçà ou au-delà de toute parole *vérifiable* s'impose, contraignante, et pourtant ne *se* justifie pas, ne s'authentifie pas. Elle « tombe » sur le sujet, elle lui arrive sans qu'il puisse la maîtriser. Tout l'aphorisme est construit pour manifester cette « chute ». La probité, c'est l'aveu de ceci : que la loi nous arrive, et que nous n'en donnons pas la mesure. *Ecce Homo* voudra dire *aussi* cet extrême dénuement, cet être-démuni de celui qui reçoit la loi. Et Nietzsche aura pu écrire dans la

---

3. Je constate, après coup, qu'une analyse de Henri Birault converge de manière éclairante avec celle qui est ici esquissée (cf. *Heidegger et l'expérience de la pensée,* Gallimard, 1978, p. 175 à 191).

préface d'*Aurore* (paragraphe 4) : «Cela ne fait aucun doute, à nous aussi s'adresse encore un "tu dois", nous aussi nous obéissons à une loi rigoureuse qui nous domine. »

La probité de Nietzsche, c'est d'avouer qu'il affronte à son tour la vérité que Kant a commencé d'affronter — tout en la recouvrant de «physique» comme Kant l'avait recouverte, en effet, de «morale» —, cette vérité qui s'extrait de la *fin* de la vérité, de la fin du «monde-vérité» (cf. *Le Crépuscule des idoles*), la vérité incommensurable, imprésentable (c'étaient les termes de Kant) de ce qui ne relève plus d'aucune *homoiôsis*. La vérité impérative d'une *éthique* qui n'a rien d'homologue, rien d'adéquat, rien de conforme dans aucune morale.

Cette vérité — impérative et probe — n'est plus une valeur, ne relève plus de notre évaluation. Car elle n'est plus ce qu'un sujet peut «tenir pour vrai» selon ses besoins ou ses intérêts. C'est plutôt elle qui *tient* le sujet — et elle ne le tient pas pour vrai, si je puis dire... elle le tient *sous sa loi*. Et si la valeur comme telle est toujours de l'ordre de ce que Kant appelle le *prix,* c'est-à-dire la valeur *relative* à une évaluation, alors la vérité de la *Redlichkeit* — de cette probité impérative — n'a pas une valeur relative, mais, toujours dans les termes de Kant, une «valeur intrinsèque, c'est-à-dire une *dignité (Würde)* » (*Fondements*). La dignité, ou valeur absolue, échappe à toute évaluation.

La dignité (ou la noblesse, ou l'excellence), c'est bien au fond ce que Nietzsche n'a cessé de chercher à penser. Tout ce que j'ai essayé de vous dire aujourd'hui se résume dans ce passage de *L'Etat grec* (l'une des *cinq préfaces à des livres non écrits*) :

> «Chaque homme n'a de dignité que pour autant qu'il est, consciemment ou inconsciemment, instrument du génie : d'où il faut tirer tout de suite la conséquence éthique que l'"homme en soi", l'homme absolu, n'a ni dignité, ni droits, ni devoirs : ce n'est qu'en tant qu'être entièrement déterminé, au service de fins inconscientes, que l'homme peut excuser son existence. »

Le «génie» pourrait bien être dans l'impératif catégorique. Il aurait alors, selon la troisième formulation de l'impératif, «l'humanité comme fin». Sans doute. Mais cette humanité *finale* n'est pas celle de « l'homme en soi ». Kant n'a jamais su ce qu'était l'« homme en soi ». Il nous a plutôt, avec Nietzsche, préparé la tâche redoutable de penser l'homme par-delà l'essence et par-delà la valeur. La probité de la pensée consiste à ne rien céder de cette inévaluable dignité.

Quant à la probité qui fut *aussi* celle de Nietzsche envers Kant, on pourra la mesurer à la manière dont il a un jour transcrit dans ses notes le texte le plus fameux, le plus populaire en tout cas, de Kant. Sans commentaire, ou plutôt avec le commentaire que constituent les quelques écarts de transcription :

> « Deux choses remplissent le cœur d'une admiration et d'une vénération toujours nouvelles et toujours croissantes, à mesure que la réflexion s'y attache et s'y applique : le ciel étoilé au-dessus de nous et la loi morale en nous. » *(Nietzsche dit « nous », là où Kant dit « moi ».)*
>
> Il poursuit : « Le premier spectacle, d'une multitude innombrable de mondes, *anéantit pour ainsi dire mon importance (c'est Nietzsche qui souligne)*, en tant que je suis une *créature animale* qui doit rendre la matière dont elle est formée à la planète (à un simple point dans l'univers), après avoir été pendant un court espace de temps, on ne sait comment, douée de la force vitale. Le second, au contraire, élève *infiniment* ma valeur, comme celle d'une *intelligence...* »
>
> *Nietzsche coupe ainsi la phrase, qui poursuit* : « par ma personnalité dans laquelle la loi morale me manifeste une vie indépendante de l'animalité... »[4].

---

4. In F. Nietzsche, *Œuvres philosophiques complètes,* t. XII, *Fragments posthumes 1885-1887,* trad. J. Hervier, Paris, Gallimard, 1978, p. 265 ; les remarques sur le traitement de la citation par Nietzsche sont faites par le traducteur lui-même, p. 368-369.

LA VÉRITÉ IMPÉRATIVE [1]

1. Conférence prononcée en 1980, au Centre d'études et de recherches interdisciplinaires en théologie de Strasbourg, dans le cadre d'un programme intitulé : « Pouvoir et vérité ».

« *Sommes-nous donc faits pour mourir attachés sur
les bords du puits où la vérité s'est retirée ?* »

Rousseau

Quitte à être accusé de démagogie ou de flagornerie
envers les théologiens auxquels je m'adresse aujour-
d'hui, je mettrai en exergue de cette conférence le mot
bien connu de Pascal :

« On se fait une idole de la vérité même ; car la vérité
sans la charité n'est pas Dieu. »

Mais ce n'est ni flagornerie ni démagogie. Cela peut
être, en tant que ce mot parle de Dieu et que c'est le
mot d'un croyant, une façon de saluer le lieu du débat :
votre Faculté de théologie. Mais, en même temps, ce
mot n'est pas celui d'un théologien ; et il ne l'est pas
dans toute la mesure où la théologie, comme discours
sur Dieu, comme savoir et par conséquent — fût-elle
théologie du non-savoir de Dieu — comme ordonnée à
une *vérité,* se trouve peut-être ébranlée, voire disqualifiée par ce mot. Elle se trouve peut-être disqualifiée
dans son propos même, qui est de parler de Dieu en
vérité, s'il s'avère que la vérité sans la charité ne dit
encore rien de Dieu. Car s'il y a une théologie de la
charité, et si des théologiens peuvent être charitables, il
n'y a pas à proprement parler de charité de la
théologie, ou de charité théologique. Ou du moins, nous
ne *savons* pas ce que c'est, cela reste à interroger (et de
fait il est arrivé à certains théologiens de s'engager
dans cette interrogation), mais surtout cela ne se laisse
peut-être pas *savoir.* Et c'est à ce qui, dans la vérité, ne

se laisse pas savoir que je voudrais en venir. A ce qui
ne se laisse pas savoir et qui pourtant s'impose, et qui
s'impose comme la vérité et parce que *c'est* la vérité :
selon le mot de Pascal, la vérité de Dieu, c'est-à-dire *la
vérité* n'est pas seulement la vérité, ou est plus que la
vérité, et autre chose qu'elle.

Cela ne signifie pas, malgré tout, que je ferai de cet
exergue mon motif. Je ne me propose pas d'en venir à
parler de la charité. La charité demeurera hors des
limites de cet exposé, comme l'indice énigmatique ou
comme le nom inouï — en vérité inouï — de quelque
chose d'autre que la vérité dans la vérité même, ou
encore d'une vérité qui ne soit pas idole (car l'idole,
eidôlon, eidos, idea, l'idée et la représentation, c'est,
nous allons y venir, la vérité) et par là même d'une
vérité qui ne soit pas essentiellement pouvoir, ou
articulée sur un pouvoir (si l'idole, peut-être, est
inséparable du pouvoir).

*
**

Cet autre de la vérité dans la vérité même, il restera
donc sans doute à l'interroger ou à l'interpeller sous son
nom de « charité ». Mais pour aujourd'hui il ne s'agit en
somme que d'avancer vers la possibilité d'une telle
interrogation. Cet autre de la vérité dans la vérité, je
l'appelle donc « la vérité impérative » parce que je
voudrais essayer de montrer que c'est sous la forme de
l'*impératif* (ce qui, bien entendu, doit nous conduire à
Kant) que cette « autre » vérité *s'extrait* — ou peut-être
faudrait-il dire *commence à s'extraire,* mais aussi a
toujours-déjà commencé de s'extraire — de la vérité au
sens que nous lui donnons toujours, c'est-à-dire en son
sens théorique, philosophique aussi bien que scientifique, ou que théologique : bref, en reprenant le concept
de Heidegger, de la vérité de l'onto-théo-logie.

L'important en cette affaire étant qu'il ne s'agisse pas
d'une *substitution* d'une vérité à une autre, ou de la
non-vérité à la vérité, mais bien d'une *extraction*
d'elle-même hors d'elle-même.

Mais en même temps cette extraction doit être
rigoureuse, radicale, elle doit *arracher* « vraiment » la
vérité à elle-même, et ainsi l'arracher au pouvoir, au

régime de pouvoir auquel elle est liée. Le simple mot
d'*impératif* peut déjà, par anticipation et par provision,
nous servir de guide : l'impératif n'est pas l'impérieux,
ni l'impérialiste. L'impératif comme tel — comme ordre,
commandement, injonction — n'implique par lui-même
aucun *empire* (il n'implique pas le pouvoir de faire
exécuter son ordre). Et pourtant, c'est le même mot qui
est en jeu ici et là.

Il doit donc s'agir de la vérité en tant qu'un ordre,
une injonction (mais ne nous hâtons pas de la dire
« morale ») qui pourtant se soustrait à l'empire de la
« toute-puissante vérité ». Cette vérité serait soustraite à
l'empire de la vérité, mais elle ne serait pourtant pas
une vérité libre, errante ou aléatoire. Sous l'empire de
la vérité, dans le régime de la vérité (le seul qui puisse
régir le discours, alors même qu'il interroge la vérité),
une « vérité » qui n'obéit pas à la vérité ne peut être
qu'une fausseté. Il devrait donc s'agir d'une vérité
soustraite à l'empire de la vérité non parce qu'elle lui
désobéirait, mais parce que, plus simplement et plus
vertigineusement, au lieu d'obéir à une loi du vrai, elle
ne serait *vérité* qu'en tant qu'elle ordonne, qu'elle donne
la loi, et une loi elle-même antérieure à la loi du vrai.
Cette vérité serait moins soustraite à l'empire du vrai
qu'*en retrait* sur cet empire.

Mais, que la vérité soit en retrait, qu'elle soit retirée,
aujourd'hui, de notre horizon de pensée et de notre
monde d'action, c'est ce que toute notre époque vit, ou
croit vivre. C'est ce qu'elle croit avoir déchiffré, par
exemple, dans Nietzsche. Il nous faudra éviter de
confondre les deux choses : la vérité retirée derrière le
semblant (ou, ce qui revient au même, la vérité comme
effet du semblant, ou encore, nous allons y revenir,
comme effet du pouvoir), la perspective, le simulacre, la
fragmentation ou la séduction, et le retrait de la vérité,
ou le retrait de vérité qui s'extrait de la vérité *même*.

Aussi n'est-il pas possible d'aller directement à ce que
j'indique comme l'« extraction » d'une « autre » vérité. Il
faut examiner d'abord « la vérité », et l'empire qui lui
est attaché. Cet examen, que je vous proposerai de
manière schématique, ne sera dans son fond rien
d'autre que la répétition de l'examen entrepris de
Nietzsche à Heidegger (sans omettre, le long de ce

trajet, les opérations entreprises par les discours scienti-
fiques sur leurs vérités). Mais cette répétition s'impose,
ne serait-ce que pour nous débarrasser des hypothèques
que fait peser sur nous l'idéologie ambiante dès qu'on
énonce le thème qui est le vôtre : « Pouvoir et vérité ».
Selon cette idéologie, la vérité (et avec elle le savoir, et
la philosophie, et le discours en général) serait elle-
même, tout simplement et tout immédiatement un
pouvoir, ou l'expression ou encore l'instrument d'un
pouvoir. Même si la phase la plus aiguë en est passée
(il y a quinze ans, le mot de « vérité » faisait tout
bonnement rire...), notre époque reste encadrée par deux
motifs :

— le désenchantement sceptique, relativiste ou positiviste à l'égard de *la* vérité ;

— le soupçon de toute vérité, de tout discours de
vérité comme ruse d'un pouvoir et d'une oppression.

Mais on ne va pas chercher plus loin les motifs de ce
désenchantement et de ce soupçon. Il est entendu que
c'est un discours impérialiste, totalitaire, réactif et
phallogocentrique qui installe et impose l'idée de vérité.
Moyennant quoi on évite de se demander pourquoi faire
recours précisément à *cette* idée, et non pas à toute
autre *idole* ; c'est-à-dire qu'on évite de se demander ce
qui confère à la vérité du pouvoir par elle-même (il
serait trop simple, mais aussi trop inopérant qu'elle
n'en reçoive que du dehors...). Moyennant quoi, ensuite,
on est prêt à se ruer sur de nouvelles vérités — de type
religieux ou moral — sans examiner plus longtemps ce
qu'il en est de la Vérité qu'on abandonne ni des vérités
que l'on investit. On croit en avoir fini avec la Vérité,
on ne s'est même pas interrogé sur la possibilité que
c'en soit fini d'elle, sur la possibilité de son essentiel
retrait.

*
**

De quoi s'agit-il donc dans *la vérité* ?
Je veux dire, bien entendu, dans la vérité telle que
nous la connaissons — la seule. Je ne me propose pas
de dire le vrai sur le vrai, absolument et à tous égards.
Je vous proposerai plutôt de voir que cela, précisément,
n'est pas possible — et que c'est cette impossibilité

même qui nous fait le plus proprement toucher à la vérité. Disons que je vous propose d'examiner la détermination de la vérité selon le discours de l'onto-théologie, ou encore selon le discours de la *théorie.* C'est-à-dire, remarquez-le, selon la seule « véritable » détermination de la vérité : depuis le face-à-face de Platon et de Protagoras dans le *Théétète,* tout le reste bascule dans le factuel, le contingent, l'empirique et le subjectif.

Cet abord de la question exige cependant quelques explications et précautions préalables. Deux au moins, que voici :

1. Ne pas dire le vrai sur le vrai, ne pas *pouvoir* le dire, ce n'est en un sens rien de nouveau. Pyrrhon, et Sextus Empiricus ont donné il y a longtemps toute sa radicalité à ce constat. Reportez-vous aux *Hypotyposes pyrrhoniennes* (II, 4), dont je résume l'argument : il y a désaccord entre ceux qui disent qu'il y a un critère du vrai, et ceux qui le nient ; si ce désaccord ne peut être tranché, il faudra bien suspendre son jugement quant au vrai ; s'il doit être tranché, il faut pour cela un critère, et pour avoir ce critère, il faut avoir tranché le désaccord... Cet argument sceptique — qui est au fond la *skepsis* même, l'inspection de la vérité, ou le scepticisme sans réserves dont Hegel à son tour se réclame au début de la *Phénoménologie* — est imparable : il forme en réalité le revers de toute position philosophique de la vérité, et donc de tout énoncé du vrai sur le vrai. C'est l'argument de la pré-supposition, et la vérité en effet, nous le verrons, est avant tout ce qui *se* pré-suppose. Aussi bien n'est-ce pas un hasard si l'âge moderne de la théorie se fonde, avec Descartes, sur ce roc inébranlable même par « les plus extravagantes suppositions des sceptiques » qui est le roc de l'*auto*présupposition de la *certitude* et de la « lumière naturelle » du *cogito.* Le *cogito,* on le sait bien, n'a aucun rapport avec une conscience *anthropologique,* mais il porte au jour la nécessaire structure de la vérité comme autoprésupposition.

La vérité se présuppose donc, et cette présupposition peut toujours être attaquée au nom de la rigueur probante, de la rigueur *véritative* d'une démonstration. C'est-à-dire que la présupposition peut toujours être attaquée au nom de la présupposition de la vérité même. Le scepticisme en son sens le plus fort, ou la *skepsis,* est donc inhérent, conflictuellement inhérent à la détermination théorique de la vérité. Il en confirme la présupposition et en ruine la position.

Cela constitue déjà pour nous un acquis. Mais la précaution que je voulais prendre est la suivante : ce n'est pas sur ce mode sceptique que je proposerai l'impossibilité de dire le vrai sur le vrai. Je crois que l'on peut tenter d'avancer, d'une manière formellement presque identique et pourtant tout autre en réalité, que le vrai sur le vrai est impossible *en vérité,* et que c'est dans cet « en vérité » — encore énigmatique, espèce d'obscurité béante au cœur de la *skepsis,* bouche d'ombre au milieu de son œil — que la vérité s'extrait d'elle-même.

2. Seconde précaution : examiner la vérité selon le discours de l'onto-théo-logie, c'est examiner la vérité de la métaphysique occidentale. Mais ce n'est pas examiner une vérité particulière, relative, située dans l'histoire et dans l'espace. Car c'est à cette vérité que nous mesurons quoi que ce soit de « relatif » (et qui du coup ne saurait être inconditionnellement « vrai »), c'est à elle que nous mesurons une *histoire* et un *espace.* La vérité occidentale n'est donc même pas « la seule dont nous disposons » : c'est la vérité même, en son unique lieu. S'il y a, ailleurs ou en un autre temps, quelque autre « vérité », ou bien ce n'est pas de *vérité* qu'il s'agit, ou bien cela se mesure à la vérité de la *theôria.*

Il s'agit ainsi d'une autre forme de l'imparable, de l'incontournable présupposition. L'« Occident » aussi, si j'ose dire, *se présuppose* (son nom et son concept ne contiennent rien d'autre que les présuppositions d'une normativité ou d'une régulation solaire, et du « coucher » ou de la « chute » de ce soleil ; de manière très générale et sans aucun paradoxe, l'Occident se présuppose comme son *orientation,* et comme l'exactitude *finale,* en tous les sens du mot, de sa propre coïncidence avec l'accomplissement d'un jour, qui est le jour de la vérité). L'Occident *est* ainsi la vérité, et c'est même notre « vérité », aujourd'hui, la plus massive, la plus puissante, la plus tissée dans toutes les formes du pouvoir, que la présupposition mondiale de l'« Occident ».

Si nous nous mettons en devoir d'examiner non pas *une* vérité mais bien *la* vérité, c'est donc que nous nous engageons malgré tout à dire le vrai sur le vrai. Nous nous engageons donc aussi à une opération formellement identique à celle que la *theôria* n'a cessé de répéter. En réalité, nous nous engageons à répéter le discours même de la *theôria*. Le vrai sur le vrai est donc présupposé possible, éminemment possible *en vérité*. Nous avons donc à travailler sur l'intervalle de ces deux vérités, celle de la *skepsis* et celle de la *theôria* : l'intervalle d'un double et identique regard.

Ces précautions prises, repartons de ce qui s'offre le plus simplement à nous.

Ce que nous connaissons tous le mieux est l'idée de la vérité comme *correspondance, adéquation* d'un jugement et d'un énoncé à une chose réelle, à une existence. *Adaequatio rei et intellectus.*

Tel est encore, chaque jour, pour nous, le sens du mot « vérité » lorsque nous « disons la vérité » empirique : je suis dans cette salle, je parle.

Mais ce que nous savons aussi très bien, c'est le trouble qu'on peut aussitôt porter sur le *réel* qui fait ici référence : je suis ici — qui, je ? quel « moi » est ici ? ne puis-je pas « être ailleurs » pendant que je vous parle ? — et : je parle — qui ? quel est ce je ? est-ce un je qui *en réalité parle* ? etc.

Questions modernes, mais dont le principe peut être trouvé, vous le savez, chez Platon.

Le *réalisme* de la vérité, ou la vérité comme assignation d'être, la *veritas essendi* se heurte au problème de l'assignation *préalable* de la réalité visée par la correspondance qui doit faire vérité.

S'agissant de *la* vérité, prise absolument, et donc de *la* réalité prise absolument — ou de *la chose,* de la *chose même* — nous savons que, depuis Descartes et Kant, c'est précisément cette assignation préalable de *la* réalité qui a été suspendue. Nous en viendrons tout à l'heure à ce qui s'accomplit avec « la chose même » — *die Sache selbst* — de Hegel. Disons pour le moment que par rapport à la visée de l'*adaequatio* d'un *intellectus* avec une *res* quelque part donnée, existante et

présente, toute notre histoire occidentale pivote autour
de la mise en suspens de cette *res*. Ce qui est suspendu,
c'est la mêmeté de la chose, et la choséité du même.
(Cette suspension est inaugurée dans le doute cartésien.
Et ce doute n'est pas transitoire. La réalité suspendue
de tout ce qui n'est pas « *ego sum — res cogitans* » ne
retrouvera jamais sa vérité que dans la *cogitatio*. Or le
cogito par lequel il y a *cogitatio* n'est pas adéquat à une
res donnée par ailleurs. Il *est* la *res* en tant qu'il
suspend toute réalité dans — et à — son propre
énoncé.) Peut-être cela veut-il dire que c'est la vérité de
la chose — son adéquation à soi — qui est ainsi
suspendue, et du coup la vérité même. Peut-être aussi
cette mise en suspens est-elle constitutive de tout
l'Occident, et constitutive des idées mêmes de « chose »
et de « vérité ». Mais suivons simplement le cours de
l'interprétation que la théorie, dans son histoire, a
donnée de cet événement :

Si *la* réalité n'est plus présupposable comme donnée,
présente et assignable *en soi,* la vérité comme correspondance devient errante, et sa définition purement
nominale. Ce qui arrive avec Kant : « La définition
nominale de la vérité qui en fait l'accord de la
connaissance avec son objet est ici admise et présupposée ; mais on veut savoir quel est l'universel et sûr
critère de la vérité de toute connaissance » (introduction
à la *Logique transcendantale).*

La définition est nominale, c'est-à-dire qu'elle n'est
pas réelle : elle ne dit pas la vérité sur la chose
« vérité ». C'est la forme que prend la *skepsis* chez Kant.
Aussi faut-il un *critère* de la vérité : c'est la forme que
prend la *theôria.*

Comme vous le savez, la réalité devient la réalité
phénoménale, c'est-à-dire la réalité de l'objet posé dans
les conditions et dans les limites de l'expérience possible
a priori. La *vérité* devient l'accord de la connaissance
avec ces conditions et avec ces limites. Elle devient
donc, puisque ces conditions et limites sont celles de la
connaissance elle-même, *veritas cognoscendi.* Selon ce
premier niveau ou aspect de l'opération kantienne —
préfigurée chez Descartes, renouvelée et remodelée jusqu'aux épistémologies contemporaines —, la vérité devient la constructibilité de l'objet, la démonstrabilité du

jugement, la vérificabilité de l'énoncé : elle devient la vérité comme *vérification*.

Ce passage de la vérité véritative à la vérité vérificatrice, ou vérificationniste, on a pu l'interpréter comme une perte sèche de *la* vérité (de la vérité au sujet de la « chose même », de la « chose en soi ») : ce fut, ou c'est encore l'interprétation positiviste. Perte de la *veritas essendi,* ou plus exactement perte de la vérité comme correspondance entre une *veritas essendi* et une *veritas cognoscendi.* Cependant, cette interprétation repose précisément sur ceci que la vérité « perdue » ou déclarée « impossible » est de l'ordre de la vérité-correspondance. Cette interprétation n'est donc pas à la hauteur de la *skepsis,* elle ne saisit pas ce que l'opération kantienne précisément ressaisissait et portait au jour dans sa forme moderne : le *cercle* de la vérité-correspondance, ce « diallèle » que Kant dénonce d'une phrase qui, au fond, répète Sextus Empiricus : « Le seul moyen que j'ai de comparer l'objet avec ma connaissance *c'est que je le connaisse...* » *(Logique).*

Ce que cette interprétation ne saisit pas, c'est qu'en réalité la dissociation des deux vérités, ou le passage de *la* vérité au compte de la seule *veritas cognoscendi,* ou vérité vérificatrice, sont à comprendre comme *l'accomplissement* de la vérité (ou — et — de la vérité sur la vérité). La vérité-adéquation s'accomplit dans la dénonciation « skeptique » de l'adéquation dès lors que cette dénonciation se retourne en *auto*constitution de l'adéquation : celle-ci n'a donc plus à faire à un « quelque chose » donné dans une réalité préalable à la connaissance et indépendante d'elle. La *skepsis,* ainsi, se convertit elle-même en *theôria.* (Tel est le statut de *l'évidence* du *cogito* : il est la *théorie skeptique* accomplie.) Cet accomplissement, qui s'installe définitivement entre Kant et Hegel, accomplit la vérité telle qu'elle se pense depuis Platon, et peut-être depuis le Parménide du célèbre « C'est le même, penser et ce qui est pensé », si du moins le *noein* de Parménide peut, ou doit déjà être compris comme ayant au moins quelque rapport avec la connaissance, c'est-à-dire avec la représentation.

Car c'est de la représentation qu'il s'agit ici. La vérité-adéquation est la vérité représentative, son destin est celui de la représentation. C'est-à-dire, pour résumer ce que j'avançais il y a un instant, que c'est par une critique *skeptique* de la représentation que s'accomplit l'essence *théorique* de la vérité — de la vérité qu'il ne faut plus dès lors qualifier de « représentative », mais tout au plus de re-présentative : présentant la présentation même de la chose, de la réalité. (Cette démarche, très régulièrement et très nécessairement inscrite tout au long de l'histoire philosophique, est sans doute impliquée par toute critique de la représentation). La métaphysique n'est pas suspendue à une pensée de la représentation, mais à celle d'une critique de la représentation. C'est la critique de la vérité comme représentation adéquate d'une chose telle qu'elle est en soi qui conduit à penser la vérité (de la chose) comme la présentation *à soi* de *l'intellectus*.

Heidegger, dans *La Doctrine de Platon sur la vérité,* c'est-à-dire dans son commentaire du « mythe de la caverne », nous a fait reconnaître la matrice de ce destin de la représentation. J'en rappelle très rapidement et très allusivement l'essentiel :

Si la correspondance à la chose est correspondance à une *présence* de la chose, ou à la chose comme *présente,* le geste platonicien consiste à déterminer cet être-présent de la chose comme *idea,* comme é-vidence, comme être-ouvert, être-offert à l'*idein,* au voir, au voir d'une vue qui doit lui correspondre selon l'*orthôtès,* la rectitude de la visée et de la vision. La vérité comme conformité de la vue détermine l'être de la chose comme être é-vident, ordonné à la vue, et ainsi comme être *idéal* ; la vérité eidétique détermine l'être de la chose comme, si j'ose dire, *pré-vision de la vue,* et ainsi, en ce sens par conséquent, comme représentation. Dans la « représentation » ainsi entendue ne domine pas la valeur de secondarité, de reproduction, mais la valeur ontologique qui qualifie l'être-de-la-chose comme être-vu : c'est ce qui s'accomplit, dans le mot et dans le concept, avec le *phénomène* kantien, et avec son épanouissement dans la *phénoménologie* hégélienne.

La vraie formule de l'*adaequatio* peut ainsi devenir : « *Intellectum in actu et intellectus in actu idem sunt* », si l'*intellectum* constitue bien la *realitas* de la *res,* une *realitas* qui est son *idealitas.* Ou encore, et pour atteindre tout de suite l'extrémité de ce devenir, à

travers Descartes, Kant, puis Hegel, la vérité se détermine comme l'autoconstitution de la re-présentation,
comme l'autoconstitution de la présentation de l'Idée (ou
de son adéquation en tant qu'auto-adéquation), de
l'exactitude du regard, bref de la *theôria*.

L'autoconstitution, c'est la véri-fication en son « véritable » sens.

*⁎⁎

C'est donc avec Hegel que cette auto-adéquation de la
vérité s'accomplit. Sa *phénoméno*-logie signifie la vérification comme *auto*révélation de la chose, c'est-à-dire
désormais de l'esprit. La « chose même » devient le
même comme chose se révélant dans sa vérité. *Die
Sache selbst* se véri-fie comme *die Selbstsache*.

Aussi Hegel peut-il, contre Kant, réhabiliter la vérité
comme adéquation, correspondance : cette adéquation est
celle de l'autoprésentation de la chose. La *révélation*
chrétienne devient le paradigme de cette vérité, et le
devient très précisément selon cette formule : « Ce qui
est révélé, c'est justement que Dieu est le révélable »
(Philosophie de la religion). Dans cette formule, l'autoconstitution du vrai comme vrai, l'auto-véri-fication se
marque comme auto-pré-supposition du Vrai. La vérité-
vérification se révèle comme la vérité de la *veritas
essendi*, et se convertit en elle : c'est la *Vérité-Sujet*,
vérité de la vérité-correspondance du sujet et de l'objet.
Aussi le critère de la vérité s'énonce-t-il ainsi :

> « La vérité a précisément comme telle à se *vérifier*,
> vérification qui consiste en ce que le concept se montre
> comme ce qui est médiatisé par et avec soi-même[2]. »

Et cela parce que :

> « Habituellement, nous nommons "vérité" l'accord d'un
> objet avec notre représentation. Nous avons dans ce cas
> comme présupposition un objet auquel la représentation que
> nous en avons doit être conforme. Au sens philosophique,
> par contre, vérité signifie (...) accord d'un *contenu avec
> lui-même*. (...) Non-vrai a alors le même sens que mauvais,
> inadéquat en soi-même[3]. »

---

2. *Encyclopédie*, § 83, addition.
3. *Ibid.*, § 24, addition.

L'idéa-lisme, l'eidétique, l'être-présent comme être-évident, se révèle donc comme ce procès par quoi quelque chose *se* présente et se *re*présente, et ainsi s'accorde à soi. Dans un tel procès, toute chose est tout d'abord elle-même en tant qu'elle est ce *soi* auquel se rapporte sa (re)présentation. Toute chose présuppose ce soi, et la Chose se présuppose comme le Soi. (Ce qui implique, faut-il ajouter sans que je puisse m'y arrêter, que la Chose est elle-même présupposée comme *volonté* d'être Soi et d'être *à soi,* ou *pour soi.*)

L'essence de la vérité comme autovérification, c'est le déploiement et la radicalisation de la correspondance, de la rectitude adéquate du regard : celle-ci présupposait « que je connaisse l'objet », comme disait Kant, celle-là exhibe la présupposition comme sa vérité même, dans l'absolue présupposition du Soi.

D'Aristote disant « le faux et le vrai ne sont pas dans les choses mais dans la *dianoia* », on est passé à : la *dianoia* est l'élément de l'auto*conception* de la chose. L'adéquation absorbe ou résorbe sa présupposition : la vérité se présuppose, elle *est* sa présupposition parce qu'elle *est* véri-fication de soi et du Soi. Telle est la victoire de la *theôria* sur la *skepsis,* ou plutôt l'assomption inévitable de la *skepsis* en *theôria.*

Or c'est bien là la vérité qui a pouvoir, qui est pouvoir. En quelque sens qu'on veuille prendre « pouvoir ». Car comme je voudrais essayer de l'indiquer, la Vérité — cette vérité qui est la Vérité — exhibe en somme au mieux la structure nue de ce qui réunirait les deux figures antinomiques de toutes les interrogations de la philosophie politique : le pouvoir comme force ou puissance brute, et le pouvoir comme autorité légitime. La Vérité-Sujet est ce qui *se* légitime de *sa* propre puissance de *se* présenter et de *se* vérifier, et elle est ce qui a la force de se légitimer, de se faire vrai (un peu plus loin, dans le texte que je vous citais, Hegel prend comme par hasard l'exemple de ce qu'est un « vrai Etat »...). La Vérité est la présupposition *du Pouvoir* même, si du moins le pouvoir est pensé comme la légitimité d'une force, et si cette légitimité présuppose en dernière instance (monarchique, démocratique ou comme on voudra) son autolégitimation.

Cela peut se *vérifier* sur le mythe de la caverne. Il y

a un aspect ou un épisode de ce «mythe» qui reste toujours quelque peu dans l'ombre (une ombre qui n'est pas celle de la caverne justement...) :

Une fois présenté le tableau de la caverne, Platon écrit: «Si on force un prisonnier à se lever... », ou plus exactement «Si quelqu'un force un prisonnier... », *opote tis.* Qui est ce *tis,* ce quelqu'un, ce *un* quelconque ou anonyme? Qui est-il ou qu'est-il? *tis esti tis* ou *ti esti tis?* C'est la question de son être, de la vérité de son être, que le texte ne se pose pas. Ce quelqu'*un* ne se présente ni ne se représente.

Evidemment, c'est un qui revient d'en haut — un qui sait le Vrai, et qui n'est pas enchaîné: c'est l'*évidence* même ; la présupposition de l'évidence se manifeste ici comme le préalable, qui reste pourtant implicite et indéterminé, d'un toujours-déjà philosophe, d'un toujours-déjà sujet-théoricien.

Et ce sujet *force* les autres (*anankazein,* ce verbe revient deux ou trois fois dans le texte, ainsi que le mot *biâ,* «de force», «avec violence»). La contrainte exercée est soulignée par les souffrances qu'éprouve celui qu'on doit d'abord traîner vers la lumière.

Ce *maître,* donc, c'est encore sur lui que se boucle l'histoire: celui qui redescendrait dans la caverne et qui se confronterait alors au système de hiérarchie et de pouvoir établi parmi les cavernicoles refuserait de partager à nouveau leur condition ; mais s'il entreprenait toutefois de les éclairer et de les corriger, il serait tué[4]...

Dans cette histoire circulaire de la vérité, qui commence et qui finit avec le Maître, c'est bien avec le Sujet qu'on commence, avec un Sujet mort-vivant qui revient avant d'être parti, et qui se manifeste — comme par le coup de théâtre le plus imprévisible et le plus prévisible à la fois (c'est en tout cas le coup de la pré-voyance) — dans une pure violence, dans la brutalité d'une libération de force (plus tard, on aura chez Rousseau le fameux «On le forcera d'être libre»). L'auto-pré-supposition de la vérité, parce qu'elle est

---

4. Cette analyse peut être appuyée par la lecture *politique* que fait Hannah Arendt du mythe, dans «Qu'est-ce que l'autorité», in *La Crise de la culture,* Paris, Gallimard, 1972.

pré-supposition, ne peut s'inscrire que par la figure d'un maître arbitraire et violent : et cette figure n'est pas provisoire, destinée à être effacée par l'accès au savoir vrai (comme le veut le schème paidétique, formateur, du mythe, qui laisse dans la pénombre son schème de pouvoir), car le terme de cet accès (si du moins celui-ci doit être pour tous) est encore violence, meurtre du théoricien : ce meurtre est le répondant de la violence initiale. Ce que Platon veut installer comme le martyrologe de la philosophie est en réalité le cercle de la présupposition violente de la vérité, et de la présupposition (ou prélégitimation) du pouvoir dans le vrai.

Ce n'est donc pas un banal « impérialisme » ou « totalitarisme » de la Vérité qui fait le problème, c'est la *structure de pouvoir* que revêt et que révèle inévitablement la présupposition du Sujet : la violence se montre l'inévitable pré-posée de la Vérité en tant que la Vérité *est* sa propre pré-supposition. Tout le *théorique* est suspendu à ça : il est suspendu à son propre coup de force, à son propre coup d'Etat, qui est et qui fait sa véri-fication. L'*orthotès* en vue de l'*idea*, c'est-à-dire la pré-vision de la vision implique une *orthopédie* qui l'institue : une éducation, un dressage à la bonne direction, à la bonne orientation théorique — l'orientation occidentale —, et cette *correction* institutrice requiert la force et le pouvoir de l'instituteur. La structure de la Vérité, c'est la circularité ou l'antécédence réciproque et infinie du théorique et du politique.

On n'en sort pas n'importe comment. D'abord parce qu'il n'y a pas de « dehors » simple de la vérité (et c'est pourquoi je tenais à rappeler, fût-ce de manière schématique, l'ampleur de cette détermination idéaliste et véri-ficatrice). Ensuite parce que le problème est précisément d'en sortir — pour autant qu'il s'agisse de « sortie » — autrement qu'on ne sort de la caverne.

Mais peut-être quelque chose *s'extrait* de cette vérité même. Car quelque chose demeure au cœur de cette vérité — au cœur sans cœur de l'adéquation et de la présupposition. Quelque chose *reste* — reste en reste — de et dans l'auto-antécédence du vrai, et dans l'antécédence réciproque du vrai et du pouvoir. Heidegger le

marque dans son analyse même de la vérité platonicien-
ne : la vérité de l'*idea* s'instaure par rapport à la vérité
antérieure, celle de l'*alètheia*. C'est-à-dire que l'évidence
s'instaure par rapport à ce qui, antérieurement, fut
pensé comme le non-voilement. Je vais revenir sur ce
« non-voilement ». Mais je rappelle d'abord que cette
« antériorité », ici présentée par Heidegger comme une
antécédence chronologique, comme l'authentique pensée
de la vérité avant la métaphysique, Heidegger lui-même
n'a cessé au fond d'être confronté à la nécessité de *ne
pas* la penser comme antécédente (et donc de ne pas la
reconduire dans le statut d'une pré-supposition). Il a été
confronté à la nécessité de la penser plutôt comme ce
qui, de la vérité, n'a jamais été pensé, pas même par les
premiers Grecs, et peut-être comme ce qui, dans la
vérité, ne peut être pensé (à moins que la pensée ne
soit elle aussi tout autrement pensée...) — ce qui ne
peut être pensé de la vérité, et qui pourtant reste en
elle (ça aurait donc la forme ou la position de ce que
vise la *skepsis* — mais ça ne se laisserait pas relever
en *theôria*). C'est de ce reste que je voudrais repartir,
pour me demander s'il ne s'extrait pas, avec lui, de la
vérité, tout autre chose.

Repartons donc de ceci : l'*idea* garde encore (« encore »,
mais il n'y a rien eu « avant », rien qui se mesure à la
vérité) quelque chose de l'*alètheia*. Ou bien, l'*alètheia*
est toujours-déjà pensée comme adéquation, mais l'adéquation est toujours-encore travaillée, traversée et
ébranlée par autre chose.

Par quoi ? l'*idea* est l'é-vidence, l'être-offert, exposé à
la vue ; l'*alètheia* est le non-voilement. C'est presque la
même chose — et c'est la duplicité ou l'altérité de cette
« mêmeté » qui doit nous retenir. Dans un commentaire
très libre et très allusif de Heidegger, je dirai ceci : le
non-voilement est la même chose que l'évidence, sauf
que le non-voilement comme tel ne s'offre pas à la vue,
n'est pas pré-commandé, pré-ordonné — ni pré-supposé
— selon l'exactitude d'un regard. Le non-voilement est
antérieur, extérieur et étranger au s'offrir-à-la-vue ; il
n'est pas l'opération d'un « se-dévoiler-à », il est l'être-
non-voilé en soi et pour personne. C'est pourquoi il
implique le voilement, non comme ce qu'il nierait, mais
comme sa propre possibilité.

Descartes nous permettra de nous expliquer. Descartes érige en modèle absolu l'évidence du sujet et comme sujet. Mais pour que le Sujet s'offre à *sa* vue, il faut que tout d'abord il soit là, comme ce même Sujet, présent-à-soi si j'ose dire avant d'être vu-par-soi. Le support de toute représentation n'est pas une représentation, il est une présence — non pas une présence *vue*, saisie dans l'exactitude d'un regard, et ainsi représentée, mais la présence nue d'un non-voilement qui ne dévoile rien. L'évidence du *cogito* est tout d'abord — ou en même temps — la non-évidence : une lumière si obscure qu'elle brille de son éclipse jusque dans le rêve et la folie comme dans les lieux mêmes de son attestation.

Le *cogito,* ou plutôt sa première « forme » ou son premier « état » — *ego sum* — fait la présence de ce qui ne *se* présente ni ne se *re*présente en aucune façon, de ce qui est non voilé sans être *dé*voilé, à aucune vue, il inclut le *voilement* qu'il est en somme pour lui-même dans son propre non-voilement. L'évidence de l'évidence — la présupposition même, et avec elle la *skepsis* qui prétend accommoder sa vue sur cette évidence — s'avère ainsi comme non-évidence, comme une *patence* sans visibilité et même sans statut, *exposée* — mais au sens d'offerte à un destin aveugle — mais donc aussi bien *déposée*. Déposée dans la vérité hors d'elle. Or cette vérité déposée de la vérité, elle s'*impose* d'une certaine manière ; elle ne fait même que ça. C'est à quoi il va falloir en venir. Mais précisons encore, autant du moins que ce sera possible, le lieu de cette imposition.

Hegel a porté à son comble, si l'on peut dire, l'instance paralysante et le déchirement aigu de cette patence antérieure et extérieure à l'évidence (qu'elle habite). Dans son interrogation rigoureuse et vertigineuse sur « le point de départ de la science », au début de la *Logique,* il aboutit à ceci :

« Ce que les représentations les plus riches de l'Absolu ou de Dieu peuvent exprimer ou impliquer concernant l'être n'est qu'un simple mot vide, que l'être ; c'est ce simple mot, dépourvu de toute signification, c'est ce vide qui constitue le commencement de la philosophie. »

Ce vide, c'est le vide de la vérité dans la vérité même, la patence nue de l'être non voilé et pour cela même voilé, dérobé à toute signification, à toute représentation, et à sa présentation même. Contrairement à l'image qui peint la vérité comme nudité, la vérité non voilée est, comme toute nudité, ce que sa nudité même voile, ce qui connaît le dérobement de l'extrême pudeur, de cette pudeur qui *retire* la nudité de son exposition même, qui tient la vérité de la nudité en retrait de la nudité.

L'*alètheia,* c'est ce qui se passe hors de la vue — par exemple dans une maison abandonnée où la corde qui attache au mur un tableau s'use et se défait jusqu'à se rompre. Au sol, son cadre brisé, il y a la patence d'une chose dérobée à toute présence et à toute fonction de représentation.

Partout subsiste ainsi, au cœur de l'évidence, le non-voilement qui n'est pas le « découvert » et encore moins le « révélé ». Ce qui subsiste, et qui insiste ainsi, c'est cela par quoi il y a quelque chose en général — ou, plutôt que cela *par quoi* (qui renverrait encore à un fondement, à un support, à un sujet), c'est le *« il y a »* lui-même, offert à rien et ne produisant ni ne soutenant rien, dérobant plutôt à toute chose son soutien et son sujet. Le *« il y a »,* c'est l'*être* même — en tant que vide, et c'est ce vide en tant que plénitude d'un « il y a » patent mais dérobé à toute vérité. Rien ne peut faire ici critère de la vérité, bien qu'il s'y agisse en effet de la vérité de la vérité. C'est le lieu d'une *skepsis* sans *theôria* — et par conséquent aussi sans *skepsis.*

Spinoza, pour couper court au *regressus in infinitum* de la critériologie cartésienne, déclare : « *Veritas se ipsam patefacit.* » Il faut sans doute entendre la célèbre formule *à la fois* comme énonçant le comble de l'auto-constitution du vrai-sujet *et* (dans toute la mesure où Spinoza l'oppose à une critériologie et à une révélation) comme l'exhibition (impossible) d'une patence nue et dérobée, d'une *patefactio* qui n'est pas *verificatio* et ne relève d'aucune vérification. Hors de vue, elle est aussi hors de prise, hors de pouvoir — et elle n'exerce elle-même aucun pouvoir. Elle n'est, si elle « est », que ce qu'indique enfin le motif majeur de Heidegger (que j'ai ainsi commenté), elle n'est que son retrait :

« Ce qu'est *l'alètheia en elle-même* demeure en retrait. Est-ce là l'effet d'un simple hasard ? N'est-ce que la suite d'une négligence de la part de la pensée humaine ? Ou bien en va-t-il ainsi parce que se retirer, demeurer en retrait, en un mot la *lèthè* appartient à *l'alètheia* non comme simple adjonction, pas non plus comme *l'ombre* appartient à la lumière, mais comme le *cœur* même de *l'alètheia*[5] ? »

Mais cet essentiel retrait — de la vérité et du pouvoir —, encore une fois, s'impose. Ce retrait *reste* dans la vérité ; ainsi il s'extrait de la vérité — et ainsi il s'impose.

Comment ? c'est ce que, me semble-t-il, Kant peut commencer à nous faire comprendre.

Kant, nous l'avons vu, est celui qui suspend la thèse de l'adéquation, limitant sa validité à celle d'une définition nominale. L'adéquation, chez Kant, ne se rapporte plus à une réalité ; ce qui devient en revanche nécessaire, c'est une adéquation entre les deux éléments disjoints de notre connaissance possible (l'intuition et le concept, dont la disjonction montre bien que la perte de la référence à la chose est corrélative de la perte de la référence à un sujet). Cette adéquation a lieu comme « principe suprême du jugement » (c'est-à-dire de la position d'une vérité en général) dans le schème transcendantal. Le schème est la liaison *a priori* du concept et de l'intuition. Je n'entrerai pas ici, même allusivement, dans les redoutables problèmes que pose cette notion. Je rappelle simplement que, si le schème est bien posé par Kant, la production du schème, ou le procédé du *schématisme* est formellement déclaré inaccessible à notre connaissance (« A jamais enfoui dans les profondeurs de l'âme... »). Autrement dit, l'é-vidence du schème (figure non sensible, le schème et l'é-vidence même, la condition de possibilité d'une vision en général) se donne cette fois explicitement comme sans évidence, et dérobée à toute vue comme à toute lumière. Et avant tout inassignable dans une autoconstitution ou une autoprésentation, car le schème n'a aucun « être » propre en quelque sorte ; il n'est que l'accouplement de ce que l'absence d'*intuitus originarius* en l'homme a irrémédiablement séparé (l'intuition et le concept).

Certes, le schème se présuppose ainsi lui-même, et

_____

5. « La Fin de la philosophie et la tâche de la pensée. »

certes la structure de la vérité ne peut manquer de se reconduire ainsi — fût-ce sur le fond d'un abîme ouvert ou d'un enfouissement total. Et de même, le geste qui est celui de Kant exhibant le schème a toute la forme du geste de pouvoir, du geste maîtrisant par lequel la théorie assume, subsume et retourne la *skepsis.* Reste malgré tout — pour ne pas entrer ici dans des justifications qui nous demanderaient beaucoup plus de temps — que ce geste prend aussi la forme explicite d'un dessaisissement. Reste que là où Hegel, exhibant le vide de l'être, réassurera une maîtrise initiale et absolue de l'être même du vide, et donc déjà de l'être tout entier et de sa vérité, Kant enregistre une perte, ou plus exactement un retrait de la vérité dans sa présentation même. Aussi bien est-ce chez Kant que Heidegger a pu déchiffrer l'instauration du régime de la *finitude,* c'est-à-dire de l'être fini dans lequel (ou comme lequel) l'Etre même s'inscrit, et qui n'a pas, de ce fait, à la différence de la finité cartésienne, un rapport essentiel et fondateur avec l'infini. La finitude est le concept contradictoire d'un fini sans dehors ni autre que lui. Il n'y a pas d'*ailleurs* où situer, même en négatif, la vérité du schématisme. *Le schématisme se retire dans la production du schème.* A ce compte, la vérité de la finitude, ou plus justement dit la vérité *comme* finitude est privée de l'in-fini de sa présupposition. Elle est bien plutôt le retrait de sa présupposition — ce qui ne peut jamais être rendu identique à la présupposition d'un retrait, qui reconduirait encore la même structure de la présupposition. Le retrait du schème — la patence *et* le dérobement du schématisme — forme le retrait du Vrai-Sujet. (Assurément, cette conclusion est ici un peu précipitée. Je vous la livre sous bénéfice d'une analyse qui reste à faire. Nous pouvons, aujourd'hui, nous contenter de ceci: il n'y a pas de schème du schème; ou: le schème ne se *vérifie* pas.)

A cette place même — cette place qui n'a même plus de « même » —, en cette atopie du retrait, qu'est-ce qui surgit? C'est ici qu'il faut poursuivre sur Kant une interrogation en quelque sorte laissée en suspens par Heidegger. Le lieu du retrait, c'est le lieu de l'unité de la Raison, et du système (de l'unité en elle-même présente) de la Raison. C'est donc, pour autant que ce soit un « lieu », celui de « la clef de voûte de tout le système de la raison pure ». Ce que Kant désigne comme une telle « clef de voûte » (au début de la deuxième *Critique*), c'est la doctrine de la liberté. Mais cette liberté, vous savez qu'elle est rigoureusement inconnaissable, inappropriable. Elle ne fait ni la nature ni la structure d'un Sujet. La liberté — bien loin du schème et de l'adéquation dont elle devrait constituer la présupposition adéquate — se révèle à ceci, à cet événement permanent de la raison, qui *fait* que la raison tombe en elle-même, sur un fait, sur un *factum rationis* : ce fait, qui se soustrait à toute légitimation, c'est celui de l'impératif catégorique.

Je ne veux pas considérer ici la position ni les implications *morales* de cet impératif (le concept de morale devient au reste ici un pur problème, dont l'impératif constitue l'énoncé). Je m'arrête seulement sur la fonction de vérité qu'il se trouve remplir (du fait de l'atopie de son retrait, *ou* de la topique d'adéquation qu'il est toujours possible de lui imputer : en lui la raison *se* rencontre), et sur la forme de cette vérité, sur la forme d'« évidence » ou de « patence » qu'il emporte avec lui.

Je peux d'autant mieux laisser de côté la « morale » que cet impératif est vide — vide de morale à proprement parler. Hegel le fera assez remarquer. Il ne prescrit rien d'autre que l'universalité de la maxime, qui doit pouvoir « être érigée en loi universelle ». Mais pour l'universalité comme telle, il ne peut, dans la finitude, y avoir d'intuition. Aussi la loi morale n'a-t-elle pas de schème. Elle a, déclare la deuxième *Critique,* un *type,* c'est-à-dire la *forme* seulement d'un schème. Ce *type,* c'est l'idée même de loi, comme « loi universelle de la nature », autrement dit c'est la forme de la conformité-à-la-loi comme telle, ou plutôt, puisque la loi n'est déterminée par aucun contenu autre que cette forme, le type est la forme de la « conformité-à-de-la-loi » en général. Si le type, conformément à son nom, frappe une empreinte, cette empreinte n'est frappée sur rien d'autre que sur un fond doué, ou formé d'un vertigineux retrait de toute propriété *présentable,* ou sur ce que Lacoue-Labarthe appelle « une infinie malléabilité : l'*instabilité* même », à propos de ce qui est en

général soumis à empreinte dans la métaphysique[6]. Or
ce qui reçoit ici l'empreinte, l'*instable,* c'est l'agent (je
ne dis pas « le sujet ») de l'action, ou plus exactement
l'auteur de maxime. Mais il ne reçoit ainsi, curieuse-
ment, qu'une empreinte en somme fictive. Elle correspond à la seconde formulation de l'impératif : « Agis
comme si la maxime de ton action devait devenir par ta
volonté une loi universelle de la nature. » Mais il n'y a
pas de nature, pas de forme de nature donnée pour
déterminer le contour de l'empreinte...

Forme de schème, le type réalise encore à sa manière
l'opération du schématisme : la conformation d'une intuition à un concept, mais il la réalise pour elle-même,
sans intuition, dans la seule forme d'une telle conformation. La conformité-à-de-la-loi, la légalité en soi sans
contenu c'est la convenance même, c'est l'accord et la
correspondance comme tels. Le type effectue donc la
vérité de la vérité, il occupe exactement la place de
l'opération schématisante, si, en régime de vérité, la
production d'un schème (d'une vérité de savoir) présuppose bien le schème de sa production, la vérité-sujet à
laquelle dès lors s'identifierait le *type* (permettant ainsi
d'identifier en lui le sujet comme liberté productrice de
la loi dans son autoprésupposition).

Mais c'est en ce point précisément que tout se joue.
En vertu de toutes les prémisses kantiennes — qui ne
sont autres que les prémisses d'une *skepsis* non rele-
vable en *theôria,* d'une *skepsis finie* (mais la *skepsis*
n'était-elle pas, d'essence, finie, et sa relève théorique
n'était-elle pas le coup de force par excellence de
l'infini ?) — cette *veritas veritatis* de la conformité-à-de-
la-loi ne peut être ni faire une *veritas essendi,* ni une
veritas cognoscendi, et elle ne peut donc pas non plus
être sa *veri-ficatio.* Privée de sa présupposition dans sa
présupposition même (ce pourrait être la définition de la
finitude), elle ne donne lieu qu'à l'imposition de sa
singulière patence. Encore est-ce trop dire que dire
qu'elle s'impose, si le concept d'une « position » doit être
conservé sous ce terme. Ne s'imposant pas, elle ordonne.

6. « Typographie », in *Mimesis des articulations,* Aubier Flammarion, 1975.

Dans le retrait même de sa patence, dans l'*alètheia* de la loi, la vérité se présuppose toujours. Mais cette présupposition perd la forme du *regressus in infinitum* ou de l'autoconstitution d'une critériologie, que celle-ci soit véritative ou vérificationniste. Du coup, elle n'a plus aucune forme — aucune forme *vérifiable* — ou elle n'a que la forme sans forme du retrait. Mais ce surgissement invérifiable de la légalité comme telle se donne comme l'*impératif* « Agis... »

Je n'analyserai pas aujourd'hui l'absence de forme de l'impératif, ou cette forme si singulière qu'on ne peut dire qu'elle se forme, et qu'on doit dire qu'elle se donne, ou peut-être plutôt qu'elle est donnée.

Je m'en tiendrai au fonctionnement de l'impératif. L'impératif a ceci de particulier qu'il est sans *empire* ; il ne préjuge rien quant à l'exécution de son ordre, il ne met en œuvre aucune force exécutoire — et ainsi il n'est pas pouvoir, ou il forme un pouvoir d'une nature telle qu'aucun concept disponible du pouvoir ne peut en rendre compte. L'impératif n'est pas pouvoir, car il est sans sujet. Énoncé depuis le retrait du sujet, l'impératif ne se rapporte pas à un sujet de son énonciation (ou bien : en tant qu'elle se donne cet ordre, la subjectivité de la raison est inassignable).

Il faudrait ici faire un nouveau parcours pour examiner la structure d'énonciation que revêt sans doute toujours — et en tout cas depuis Descartes — la position et la présupposition de la vérité. Lacan en a donné la dernière figure : « Moi, la vérité, je parle... » : reconduite à l'énonciation de l'énonciation même, la vérité lacanienne a sans doute exhibé l'essence de la vérité comme auto-adéquation. Le vrai y est plus que jamais *index sui* : il est tout entier dans la *deixis* de l'énoncé, si le « je » est par excellence le déictique des linguistes, l'élément dont le sens ne peut être déterminé que par l'adéquation au locuteur. C'est la vérité même, sujet-objet de son énoncé par l'adéquation de son énonciation.

L'impératif en revanche, ainsi que Benveniste l'a montré, ne relève pas du déictique. Il ne fait pas partie des énoncés « performatifs » qui sont eux-mêmes l'acte qu'ils énoncent (et dont « je parle » est le paradigme). Il n'est *même pas énoncé,* ajoute Benveniste, puisqu'« il ne

sert pas à construire une proposition à verbe personnel ». « Il ne comporte ni marque temporelle, ni référence personnelle. C'est le sémantème nu employé
comme forme jussive avec une intonation spécifique. »
(*Problèmes de linguistique générale*, t. I, 1966, Gallimard, p. 274-275.)

Avec ce « sémantème nu », nous ne sommes sans
doute pas loin du « mot vide » de Hegel. Mais cette
nudité ne fait pourtant pas, comme le vide, un *être*
maîtrisable (et en réalité toujours-déjà maîtrisé). Dans
cette nudité, l'être et la vérité ne font que se retirer.
L'impératif est la pudeur de la vérité en son retrait.

L'impératif ne prescrit rien — rien que la vérité (la
forme de la loi) —, mais *ce n'est pas la vérité qui
prescrit* : aucun Maître n'est là présupposé et préposé.
L'impératif est sans pouvoir. La vérité est prescrite à
partir de son retrait.

Qu'est-ce que cela veut dire ? c'est à peine à l'ouverture de cette question que je voulais amener aujourd'hui
— rien de plus. Cette question même — celle du
« vouloir-dire » ou de la significaiton de l'*alètheia* comme
impératif a toutes chances d'être mal posée, si l'on tient
un compte rigoureux du rapport essentiel entre le
« vouloir-dire » et la représentation (la vérité re-
présentative), tel que Derrida l'a établi.

L'impératif ne veut précisément pas dire. De même
qu'il excède les catégories de l'énoncé, il excède celles
de la volonté. Il prescrit le vouloir et le sens de la loi,
sans lui-même la vouloir dire. Les questions qui dès
lors surgissent ont toutes chances d'être de ces questions qui précèdent, dans l'ordre du discours et dans
celui de l'histoire, la possibilité même de les poser, de
les articuler. Ce ne sont pas non plus des énigmes, ni
des mystères : ce sont des « questions » pour une pensée
tout autre que pour la nôtre, c'est-à-dire tout autre que
la pensée de la vérité — et du pouvoir.

Je m'en tiendrai donc à ceci : si l'impératif est bien ce
qui surgit dans le retrait de la vérité — et qui surgit
en enjoignant à l'homme d'être vrai —, cette vérité
impérative surgit dans le retrait du Vrai-Sujet, et
comme son retrait. La question de l'impératif, la
question « à son sujet » (sur sa nature ou sur sa
structure, ou sur son pouvoir) ne porte donc pas sur sa

vérité. Le vrai sur le vrai est là impossible, et pourtant, en même temps, ce n'est plus le lieu d'une *skepsis* (ou bien, c'est le lieu de la *skepsis* finie, de la *fin* de la *skepsis*). Il n'y a pas de problème critériologique au sujet de la vérité impérative. Le *factum rationis* est une vérité *indiscutable et invérifiable*: mais c'est cela même qui nous reste à penser...

Ce que nous pouvons du moins « savoir », c'est que s'il n'y a pas de question de vérité sur cette vérité, il y a question à propos de *celui à qui* l'impératif est adressé (à qui il survient, à qui il est donné, sur qui il tombe).

Celui-là — l'homme — n'est donc pas le sujet qui pourrait se rendre adéquat au Vrai. Qu'est-il donc ? C'est la fameuse quatrième question de Kant, sur laquelle Heidegger a concentré son analytique de la finitude. Cette question, il faut donc apprendre à la poser ainsi : qu'est-ce qu'un être qui serait fondé, assigné dans sa vérité par un *ordre reçu* ? Quelle ontologie — si c'en est une — est impliquée par une aussi radicale dépendance — pourtant dépendance de rien, de rien qui ait pouvoir et de rien qui se puisse vérifier, ni représenter, ni présenter ? Quelle ontologie, qui dans les termes de notre discours aurait figure de *patho*logie ?

Qu'en est-il de l'homme, si l'homme est non pas rapporté à l'homme comme une chose à son concept, comme une réalité à son é-vidence, ou comme un sujet à sa propre substance (en lui, en Dieu, ou dans l'Etre), mais si *l'homme est enjoint à l'homme* ?

Être enjoint, ce n'est pas être conjoint, réuni, rassemblé, conformé.

Qu'est-ce que l'être comme être-enjoint ? Telle est, pour le moment, la question qui provient, sans exactement nous parvenir, depuis le retrait de la vérité.

LA VOIX LIBRE DE L'HOMME [1]

1. Conférence au colloque de Cerisy *Les Fins de l'homme — à partir du travail de Jacques Derrida*, 1980.

Je pourrais, parmi bien d'autres possibilités, partir d'une phrase dans laquelle *s'entend,* comme allant de soi, c'est-à-dire comme les choses en général s'entendent, un motif qui se fait aujourd'hui de plus en plus insistant au sein de la question latente — ou la crise ouverte — des «fins de l'homme». Je prendrai cette phrase en partie au hasard, par exemple dans le livre récent de Henri Birault, *Heidegger et l'expérience de la pensée.* Birault écrit: «Significatif de la détresse de notre monde est l'appel réitéré à une éthique qui viendrait la conjurer.»

Cela s'entend le plus simplement du monde, et d'ailleurs nous l'avons déjà entendu, directement ou indirectement, plusieurs fois depuis le début de ce colloque. Et pourtant, cela doit s'entendre au moins de deux manières possibles. Ou bien notre détresse provient du manque d'une éthique, et se signale en appelant à cette éthique qui lui manque (et, de fait, cela se dit beaucoup aujourd'hui; je n'oserais pas dire sans précautions que cela se *pense*). Ou bien — lecture plus décisive et plus problématique — l'appel lui-même à une éthique, la demande d'éthique est, comme telle, manifestation de détresse; c'est faire preuve de détresse, et d'une détresse totale, qui ne sait même pas ce qui lui manque, que de demander une éthique, ou de l'éthique. Déjà, cela s'entend moins bien. C'est aussi ce qui mérite qu'on s'y arrête.

Si l'appel à l'éthique est un appel de détresse en ce sens qu'au lieu de demander ce qui nous manquerait vraiment il projette en objet de sa demande la détresse elle-même, c'est qu'un tel appel ignore que l'éthique, comme telle, fait partie de ce qui se trouve interprété, dans cette phrase, comme «détresse de notre monde», et qui n'est évidemment pas autre chose que le destin moderne de l'Occident. C'est-à-dire, dans des termes heideggeriens que je convoque un peu à la hâte et en première approximation seulement, l'histoire de l'accomplissement de la métaphysique. Or, pour le dire là encore avec Heidegger, «l'éthique», avec la «logique» et la «physique», n'apparaît que dans la philosophie, dont la métaphysique fait l'histoire et la fin. En appeler à une éthique, c'est demeurer dans la clôture de cette fin. C'est ne même pas soupçonner la possibilité, et encore moins l'éventuelle nécessité d'ébranler cette clôture. C'est donc ne même pas se demander d'où provient quelque chose comme l'éthique, et s'il n'y aurait pas lieu de s'interroger, s'il ne *faut* pas s'interroger (je vais en venir à l'obligation, au *il faut* inséparable, précisément, de l'idée même d'une éthique) sur ce qui, antérieurement au «domaine de l'éthique» pourrait, à partir d'une réserve, d'un recul ou d'une retraite non éthique, «autoriser — ultérieurement — toute loi éthique en général». Ces derniers mots sont, cette fois, une citation de Derrida (*L'Ecriture et la différence,* p. 119).

Nous ne serions donc pas remontés en deçà de l'éthique, nous serions incapables de faire le moindre pas en direction de ce qui pourrait seulement autoriser, après coup, un appel à l'éthique, et là serait notre détresse, et la faillite de nos fins humaines.

Mais après tout, qu'en savons-nous? Comment pouvons-nous savoir si nous manquons d'une telle ressource antérieure à l'éthique et capable de nous réouvrir son domaine, comment le savons-nous si nous mesurons notre détresse à l'aune d'un discours déjà éthique, alors que c'est précisément d'un *tout autre* discours qu'il doit s'agir? Pourquoi ne serions-nous pas déjà en rapport avec cette ressource, sans le savoir? Et comment le *savoir* si, avec le discours éthique, le discours logique, le discours du savoir appartient aussi à notre détresse? Comment savoir si une éthique à venir au-delà de l'éthique ne s'est pas déjà, ici et maintenant, anticipée sur un mode encore méconnaissable? Ou, pour le dire avec quelque provocation, comment savoir si le royaume des fins ne nous est pas donné, déjà, au-delà de sa fin ?

Si ces questions ne sont pas, dans leur principe, irrecevables, et si par ailleurs nous interrogeons, ici et maintenant, la pensée de l'écriture — si nous interrogeons Derrida —, il y a deux types de demandes, ou deux formes d'appels que nous devrons écarter d'entrée de jeu :

— la demande que la pensée de l'écriture, c'est-à-dire aussi la problématique générale du *propre,* produise ou engendre « une éthique », quelque chose qui serait *proprement* une éthique ;

— et la demande qu'une telle éthique soit produite comme la *pratique* d'une théorie (de quelque façon qu'on prenne ce génitif : avec la valeur d'une application, d'une génération, d'une conversion, d'une transposition, d'une réalisation, etc.).

Ces demandes sont impossibles, non parce qu'il ne saurait absolument pas être question d'éthique au titre de la pensée de l'écriture — nous n'en savons rien —, mais justement parce que nous devons bien garder la possibilité que cette pensée pense déjà, sans le savoir, mais tout autrement, quelque chose au sujet de l'éthique.

On sait que fut posée à Heidegger la question : « Quand écrirez-vous une éthique ? » — et c'est au fond l'essentiel de sa réponse que je rappelais tout à l'heure. Imaginez à présent, simplement à titre d'ouverture, par-delà cette réponse, celle que pourrait faire Derrida si nous lui posions la même question. Imaginons qu'il répondrait : écrire une éthique ? mais que veut dire *écrire* la loi ? s'agit-il de recopier son énoncé pur et transcendant, ou bien est-ce dans l'écriture que la loi se tracerait ? l'écriture pourrait-elle être légiférante ? comment ?

C'est précisément ce que nous ne *savons* pas. Et ce savoir, comme tel, est aussi absent des textes de Derrida. Et pourtant, malgré tout, *il faudrait* que nous en sachions quelque chose. Toutes réserves faites sur la nature et sur la modalité d'un tel savoir, *il faut* que nous « sachions » ce qu'il en est de notre non-savoir éthique. Il le faut au moins pour *en finir* avec la demande de la production d'une éthique, avec la de-

mande de la détresse. Or *il faut* vraiment en finir : cet
« Il faut » est injustifiable, il anticipe tout ce qu'il
faudrait « savoir ». Mais il est incontournable. (Et c'est
au fond le « Il faut » de ce colloque...)

Comment donc pratiquer, pour commencer au moins,
ce « il faut » ? Déplaçons-nous, reculons d'un pas, et
jouons le jeu de cette obligation qui nous tombe dessus.
Pratiquons l'éthique de la demande d'éthique, jouons la
détresse, et demandons à savoir — c'est-à-dire, obéissons au devoir philosophique traditionnel de questionner sur le devoir. Demandons alors à Derrida, sans
autre forme de procès (ça aura déjà toute la forme du
procès, ça aura la forme d'une citation qui pour une fois
serait à comparaître ; mais, en même temps, il n'y a pas
de tribunal, pas encore de loi) : quelle est ton éthique ?
quel est le ressort évaluateur et la fin axiologique de ta
pensée ? à quoi obéis-tu ? quel est ton devoir ?
(Cette question grossière, nous comprendrons tout à
l'heure qu'elle l'est peut-être moins qu'il n'y paraît,
lorsque nous aurons la possibilité de l'entendre comme
la question posée par la *propre* conscience de Derrida,
comme la voix intérieure d'un sujet qui serait l'auteur
de la pensée de l'écriture... Nous la verrons alors se
transformer.)
Pour l'instant, contentons-nous de ceci : à cette question du devoir, Derrida a donné au moins une fois une
réponse explicite, et *philosophique* (car il ne s'agit pas
pour le moment, cela va de soi, des choix moraux,
politiques, etc., de l'homme Derrida, il ne s'agit pas des
contingences ni de la détresse de son comportement).
Avant d'aller prendre, en son lieu, cette réponse, je
dois écarter l'ensemble des lieux sur lesquels on pourrait être tenté de faire porter la question. Je veux dire,
tous les lieux où le discours de Derrida, comme tout
discours philosophique sans doute, s'embraye lui-même
— si je peux dire — sur l'instance d'un « Il faut », d'une
obligation supra, para ou infra-logique. Tous les lieux,
si vous voulez, où Derrida déclare, en somme, qu'*il faut*
penser l'écriture, ou plutôt qu'*il faut* penser (et agir)
selon la pensée de l'écriture. Cette obligation non
discursive du discours, présente et modalisée en chaque

discours (et pas seulement, bien sûr, dans celui de Derrida), nous ne pouvons, par définition, l'interroger directement, tant que nous ne pouvons même pas faire état d'un *devoir* de porter une telle interrogation.

Faut-il interroger le « Il faut » ? — c'est la forme générale de la difficulté. Arrêtons-nous un moment sur son cercle, afin d'être mieux à même de saisir ensuite ce que j'annonce comme l'énoncé, par Derrida, de son devoir philosophique.

Une obligation non discursive se lit clairement, par exemple, dans un passage comme celui-ci :

> « La déconstruction ne peut se limiter ou passer immédiatement à une neutralisation : *elle doit* (je souligne), par un double geste, une double science, une double écriture, pratiquer un *renversement* de l'opposition classique et un *déplacement* général du système. C'est à cette seule condition que la déconstruction se donnera les moyens *d'intervenir* dans le champ des oppositions qu'elle critique et qui est aussi un champ de forces non discursives. » (*Marges,* p. 392)

Inutile de commenter : il y a bien ici un devoir d'outre-discours, en vue d'une pratique outre-discours. Toute une éthique s'y implique. De même, et pour ne prendre qu'un autre exemple, là où s'affirme et s'impose — impérativement, en somme — une téléonomie *pratique* du travail d'écriture :

> « Pour transformer effectivement, pratiquement, ce qu'on décrie (tympanise) *faudra-t-il* (je souligne) encore être en lui entendu et dès lors se soumettre à la loi du marteau intérieur ? » (*Marges,* p. IV.)

Toute cette axiologie, ou cette axionomie, nous devons renoncer à l'assigner maintenant, car ce geste, pour le moment, ne différerait en rien de celui que peut appeler tout discours philosophique. Car le discours philosophique consiste toujours précisément aussi, sinon d'abord, à assigner de lui-même son obligation, à produire le savoir de sa *fin,* et donc la *théorie* de son *devoir.* De cette autolégitimation et auto-obligation, Derrida a dû par conséquent (cette fois, par une nécessité logique, qui serait celle de ce qu'il nomme lui-même « la déconstruction ») exhiber l'*envers.* Il l'a fait, plus loin dans le texte cité à l'instant, en écrivant :

> « Certes, jamais on ne *prouvera* (je souligne) *philosophiquement* qu'*il faut* (Derrida souligne) transformer une telle

situation et procéder à une déconstruction effective pour laisser des traces irréversibles. » (*Marges*, p. XVIII.)

Certes, on ne *prouvera* pas : cette certitude, ici, anticipe la fin générale de l'opération déconstructrice. Il y a un « Il faut », et il faut lui obéir, mais il est certain qu'il ne sera pas prouvé (« philosophiquement » : mais n'est-ce pas là une redondance ?). La philosophie en effet ne pourra pas donner le *savoir* d'un *devoir* de mettre fin à son savoir.

Certes, dirons-nous avec Derrida, et *pourtant,* pourrons-nous ajouter aussi avec lui — et je cite encore, ailleurs (en télescopant des textes, mais dans une continuité profonde du discours, que je ne peux prendre le temps d'exposer) :

> « Il faut l'entendre ainsi et autrement. Autrement, c'est-à-dire dans l'ouverture d'une question inouïe n'ouvrant ni sur un savoir ni sur un non-savoir comme savoir à venir. » (*La Voix et le phénomène,* p. 115.)

Cette proposition — dont tout le contexte, dans sa portée très générale, serait à citer ici — superpose en somme encore un « Il faut » à tous nos « Il faut ». Il faut, dans la plus grande généralité, entendre doublement. Il faut donc *à la fois* entendre l'impossibilité de passer dans le dos du « Il faut » philosophique *et* non philosophique (ou post-philosophique), *et,* pour au moins ne pas ériger ce non-savoir en savoir à venir, entendre la possibilité inouïe que la philosophie — à vrai dire, la philosophie entre elle-même et son dehors — ne *prouve,* certes, pas mais se « démontre » elle-même devoir (et avoir dû, et devoir encore) se déconstruire.

(Du reste, cette possibilité est ouverte dès lors qu'on peut aussi montrer — et c'est ce qui se montre, c'est-à-dire ce qui se déconstruit, depuis Heidegger — qu'en réalité la philosophie *ne peut pas* non plus prouver philosophiquement sa propre nécessité. Elle ne le peut pas sans, comme le fait Hegel — chez qui cette problématique est à son comble — remonter soit au « signe vide » du début de la *Logique,* soit à la décision arbitraire d'un « sujet », au début de l'*Encyclopédie,* c'est-à-dire à deux formes d'ébranlement dans la fondation *même* de l'autolégitimation.)

Il est donc possible que vienne à se loger là, dans

« l'ouverture d'une question inouïe », une singulière nécessité sans raison, une dé-monstration sans preuve, un « Il faut » qu'*il ne faut pas* légitimer dans le discours, un *devoir,* par conséquent, au statut parfaitement ambigu ou indécis, théorique ou moral, mais aussi bien ni théorique ni moral. Un devoir qui s'écarterait *décidément* (il n'y aurait là rien d'indécidable) tout en restant devoir, de ce devoir philosophique que la philosophie a toujours déduit ou voulu déduire de raisons théoriques — et mieux encore, un devoir qui, en restant devoir, s'écarterait décidément *du* devoir philosophique, c'est-à-dire de cette obligation et de cette fin que la philosophie se donne toujours sur le fond du modèle aristotélicien ; à savoir : la *sophia* comme *praxis* suprême de la *theôria,* ou la *theôria* comme *praxis* même de la *sophia.* Ce devoir « écarté », nous ne le produirons donc pas philo-*sophiquement.* Mais il n'est pas impossible qu'il vienne à se « démontrer » — c'est-à-dire, peut-être, à s'imposer.

Or, j'y viens enfin, Derrida aura au moins une fois répondu à la question du devoir. Il a donné une *réponse* à tous égards, c'est-à-dire que non seulement il a tenu le discours du devoir, mais il y a engagé sa *responsabilité.* C'était au début de *Violence et métaphysique.*

Ce texte s'ouvre sur l'impossibilité de répondre aux questions que la philosophie s'adresse dans sa fin et depuis sa fin. Je cite, par prélèvements :

> « Que la philosophie soit morte hier (...) ou qu'elle ait toujours vécu de se savoir moribonde (...) ; qu'elle soit morte *un jour* (...) ou qu'elle ait toujours vécu d'agonie (...) ; que par-delà cette mort ou cette mortalité de la philosophie, peut-être même grâce à elles, la pensée ait un avenir (...) ; plus étrangement encore, que l'avenir lui-même ait ainsi un avenir, ce sont là des questions qui ne sont pas en puissance de réponse. » Et, un peu plus loin : « Peut-être même ces questions ne sont-elles pas *philosophiques,* ne sont-elles plus *de la philosophie.* »

Cette impossibilité de la réponse *à* la fin de la philosophie et à la question de sa fin, ou de *ses fins,* est évidemment liée par structure et par nature à l'impossibilité de prouver qu'*il faut* la fin, ou les fins de la

philosophie. Et c'est ici, précisément, que va surgir le
devoir. Le texte poursuit :

« Ces questions devraient... » (ce « *devraient* », ce devoir apparemment prudent, conditionnel ou hypothétique, sur l'irruption et la décision injustifiées de quoi
repose en fait toute la suite, va se révéler bien vite
catégorique. Il va manifester sa décision comme le
devoir absolu de décider en faveur de la question sans
réponse, en faveur, si l'on peut dire, ou en vue, si l'on
peut encore dire, des fins de la philosophie).

« Ces questions devraient être néanmoins les seules à
pouvoir fonder aujourd'hui la communauté de ce que, dans
le monde, on appelle encore des philosophes. »

Communauté qui, un peu plus loin, se trouve ainsi
désignée :

« Communauté de la décision, de l'initiative, de l'initialité
absolue, mais menacée, où la question n'a pas encore trouvé
le langage qu'elle a décidé de chercher (...). Communauté de
la question sur la possibilité de la question. C'est peu — ce
n'est presque rien — mais là se réfugient et se résument
aujourd'hui une dignité et un devoir inentamables de
décision. Une inentamable responsabilité. » (*L'Ecriture et la
différence*, p. 117-118.)

Il y a donc un devoir — ou, si vous voulez, un devoir
se décide, un devoir *final* en tous les sens de l'expression, le devoir de la question, du maintien de la
question des fins ou des questions de la fin de la
philosophie. Telle est la réponse.

(Ecartons au passage, et par parenthèse, une objec-
tion qui viendrait de la date de ce texte — 1964 — et
qui voudrait nous engager dans une problématique du
« jeune » ou du « premier » Derrida. Pas plus qu'ailleurs
ce genre de perspective simple n'aurait ici de pertinen-
ce. Et notons seulement que, recueilli en 1967 dans
L'Ecriture et la différence, ce texte est donc *aussi*
contemporain de la *Grammatologie* et de *La Voix et le
phénomène*.)

Cette réponse, et ce devoir, on pourrait être tenté de
les soumettre très vite à une grille classique d'interprétation : le devoir serait de philosopher dans et de la fin
de la philosophie, autrement dit l'éthique suprême, et
pré ou post-éthique, serait celle de l'acte de la pensée,
entendu en l'occurrence comme un « questionner » infini.

Mais même la version heideggerienne de ce schéma (qui serait encore au fond celui d'Aristote, et de la *theôria* comme *praxis*), la version qui érige le penser en agir ou en faire suprême, et donne au penseur le seul devoir de penser, ne semble pas pouvoir — tout au moins selon sa lettre la plus simple — être exactement reconduite ici. Pas tout à fait. (Ce qui n'empêche pas qu'Aristote et Heidegger soient ici même repris, répétés, déplacés.) Le « questionner » ne fait pas à lui seul une éthique de la pensée, car la question est ici elle-même en question. Aussi le devoir n'est-il pas de dérouler une infinie succession de questions, qui s'assureraient de leur non-réponse comme d'une formidable réponse absolue à venir (ou à ne jamais venir, ce qui revient au même). Le devoir est, plus simplement, plus pauvrement, de *garder* la *question,* comme question. La suite le précise :

> « ... une injonction s'annonce : la question doit être gardée. Comme question. La liberté *de la question* (double génitif) doit être dite et abritée. »

Plus radicalement, enfin, cet impératif se détermine comme n'étant pas *un* commandement éthique, mais *le* commandement préalable à quelque éthique que ce soit. Derrida écrit :

> « Si ce commandement a une signification éthique, ce n'est pas d'appartenir au *domaine* de l'éthique, mais d'autoriser — ultérieurement — toute loi éthique en général. Il n'est pas de loi qui ne se dise, il n'est pas de commandement qui ne s'adresse à une liberté de parole. Il n'est donc ni loi ni commandement qui ne confirme et *n'enferme* — c'est-à-dire qui ne dissimule en la présupposant — la possibilité de la question. »

Le commandement — et le commencement, l'*archie* — de l'éthique n'a de sens qu'à s'adresser à une liberté, et par conséquent n'a de sens qu'à ne pas *répondre,* à ne pas assigner le sens et la valeur, mais au contraire à ouvrir, à réouvrir la question — la question, précisément, de la fin ou des fins du sens.

Dans cette réponse — dans cette réponse qui répond par la question —, il était donc question d'un devoir et d'une liberté, du devoir et de la liberté comme question, et de l'ouverture ou de la pré-ouverture de l'éthique — en même temps, remarquez-le, que de l'éthique, ou de son *archie,* comme ouverture, ré-ouverture de la philosophie dans sa fin. Il était question, si vous voulez, d'un *ethos* de l'inscription posthume de la philosophie.

Il ne s'agissait donc pas de la *theôria* comme *archè* et comme *telos* de la *praxis,* si la question *gardée* ne peut précisément que couper court à la *theôria.* Il s'agit de l'envers, de l'entame ou de la fin de l'éthique aristotélicienne, et sans doute aussi d'un déplacement, d'un déportement du motif heideggerien de la pensée comme faire ou comme agir. La philosophie doit se garder en se perdant, mais ce qui pourrait être — et ce qui sera toujours, en effet, nécessairement, inévitablement, dans le discours de Derrida comme dans un autre — un calcul économique se déborde à nouveau : car en gardant la question il s'agit de garder la possibilité que la philosophie ne soit plus. La philosophie doit garder sa fin, elle doit garder son être-fini dans l'à-venir de la question.

Ce qui se révèle au moins ici — comme dans la doublure d'une économie toujours relevante de la philosophie —, c'est que s'il y a un devoir lié à la philosophie, et par conséquent une condition principielle de l'éthique, ce ne peut être que dans et par la *fin* de la philosophie. Le devoir, en effet, appartient à la structure de la finitude. Heidegger l'a montré dans le *Kantbuch* :

> « Un être qui, en son fond même, est intéressé à un devoir se connaît lui-même dans un état de non-accomplissement et se connaît de telle manière que pour lui devient problématique ce qu'il y a à faire. Ce défaut d'accomplissement pour un accomplissement encore indéterminé révèle un être qui, parce que son devoir est son intérêt le plus intime, est en son fond fini. » (Trad. française, p. 273.)

Le devoir de garder la question n'est pas une éthique *de* la finitude ou de la philosophie finie. Il indique plutôt, d'un énoncé encore énigmatique, la finitude comme éthique, comme ouverture de l'éthique — là où (là, c'est-à-dire ici, chez nous, chez Derrida, dans la philosophie) l'éthique n'a jamais été que la téléonomie *proprement infinie* d'un être seulement provisoirement fini, mais promis à l'appropriation de sa fin. La finitude, au contraire, c'est la dépropriation de la fin. Le devoir s'indiquerait donc ainsi comme l'ouverture — et la question — de l'*ethos* propre du non-propre. Ouverture et question d'un *ethos unheimlich,* c'est-à-dire d'une *contradictio in adjecto,* si *ethos* veut dire (quoi qu'il en soit du débat étymologique) *heim,* chez soi, lieu familier, tanière de l'animal, caverne ou antre de l'homme.

Bien entendu, la reconstitution et la relève, la réappropriation de l'*ethos* métaphysique sont ici toujours possibles. Et comme toujours, elles sont même assurées. La *philo-sophia* est toujours à l'œuvre, comme le *Trieb* de la raison chez Kant, et l'*ethos* de Derrida est aussi forcément, philo-sophique.

Pourtant, *il faut* garder la question. Ce qui veut dire désormais : il faut interroger le devoir de la question sur sa propriété et sur son impropriété. La pensée de l'écriture n'a pas écrit l'éthique de ce devoir. Au-delà de la réponse qu'on vient de lire, elle n'en a plus rien fait savoir. Mais en aurait-elle gardé, inentamable, la responsabilité ? C'est ce qu'il faut savoir — puisque nous demandons encore, naïvement, à savoir.

Mais aussi, puisque nous pouvons le demander un peu moins naïvement, dans la mesure où plus loin, dans *Violence et métaphysique,* Derrida lui-même aura défendu la possibilité et la nécessité d'un regard théorique sur l'éthique. Le risque serait ici en effet, analogue à celui que Derrida repérait alors chez Levinas, de prétendre pour l'éthique à une autonomie absolue par rapport au théorique, de la mettre hors-jeu de la clôture théorique. Une telle autonomie ne pourrait que lui conférer, précisément, une fonction absolument clôturante, archéo-téléo-logique, et *finalement* philo-sophique. Garder la question ne peut se réduire à exalter le mystère d'une *Unheimlichkeit* transphilosophique ; il s'agit au contraire d'aiguiser la question, et la philosophie, et le discours. Derrida écrivait donc :

« Il y a deux sens du théorétique : le sens courant, visé en particulier par la protestation de Levinas (*i.e.* — je le rappelle — la protestation contre une subordination théorique de l'éthique), et le sens plus caché en lequel se tient *l'apparaître* en général, l'apparaître du non-théorique (au premier sens) en particulier. (...) Je sais (et ce savoir, ici, est pour Derrida celui de Husserl et de la phénoménologie) d'un savoir théorique (en général) quel est le sens du non-théorique (par exemple, l'éthique ...) comme tel, et je le

respecte comme tel, comme ce qu'il est, dans son sens. J'ai
un regard pour reconnaître ce qui ne se regarde pas comme
une chose, comme une façade, comme un théorème. J'ai un
regard pour le visage lui-même. » *(Violence et métaphysique,*
p. 179-180.)

Il faut essayer de gagner, ou de laisser venir un tel
regard, un savoir quant au devoir, un savoir dont
Derrida a donc pu écrire une fois, et sûrement pas par
hasard à la première personne : « Je sais... »

Or il se trouve que ce *regard,* ce *theôrein* respectueux
de l'*ethos* (s'ouvrirait ici, bien sûr, selon une imman-
quable ressource kantienne, une problématique du *respect* comme respect *de la theôria pour la praxis* ; ce sera
pour une autre fois) — il se trouve, donc, que ce regard,
ce n'est pas avec Husserl qu'il aura pu être gagné. Mais
ç'aura été précisément dans la déconstruction de la
théorie, ou du théorétisme phénoménologique. C'est
peut-être pourquoi Derrida lui-même n'aura pas *vu* ce
regard, ou en tout cas ne l'aura pas fait voir, ne l'aura
pas discouru — ou c'est pourquoi son discours aura
perdu de vue ce que pourtant il regardait.

Comment un regard pour l'éthique, et la responsabilité du devoir se seraient-ils gardés dans l'ouverture de la
question de l'écriture ? Allons-y voir.

Je ne prendrai qu'un texte, mais c'est peut-être le
texte « fondateur », ou matriciel : *La Voix et le phénomène.* Et je n'y prélèverai qu'un épisode, limité. Je ne
peux faire plus ici. Mais je repars, dans ce texte, du
moment où se décide définitivement l'inscription de
l'écriture, dans l'entame et dans la différence de la voix
pure.

Je vais, par force, aller assez vite, présupposant ce
texte présent à vos mémoires.

L'avant-dernier chapitre de *La Voix et le phénomène,*
intitulé « La voix qui garde le silence », entreprend de
mener à son terme l'analyse de la position husserlienne
de la sphère pure du sens pur dans la « vie intérieure ».
Pour dégager cette sphère, ce noyau pur du sens et du
vouloir-dire, Husserl procède à la réduction des deux
déterminations du signe dont l'examen, depuis le début
du livre, fait l'enjeu de la lecture derridienne : l'indication et l'expression. C'est en excluant l'une et l'autre du
monologue de la « vie intérieure » que Husserl établit le

régime de la pure présence à soi pré-signifiante, ou le régime de la signification réduite à la présence à soi de l'intention de signifier.

Pour ce faire, Husserl soumet à la réduction des exemples du monologue intérieur, qu'il s'agit donc de manifester comme « faux langage », essentiellement réductible au silence d'une voix pure. Et par exemple : « Tu as mal agi, tu ne peux plus continuer à te conduire ainsi. » C'est donc l'exemple d'une « voix de la conscience » — et nous pouvons ajouter tout de suite cette remarque, comme silencieusement présente aussi bien au texte de Husserl qu'à celui de Derrida, que rien n'a jamais été autant métaphorisé par la voix que la conscience morale, à moins que ce ne soit l'inverse. L'être-conscient-de-soi de la conscience, le *Bewusstsein,* semble s'indiquer le plus intérieurement, le plus intimement ou le plus originairement comme une conscience morale, comme un *Gewissen* (ce qui viendrait recouper une analyse de Freud dans *Totem et tabou*). La voix de la conscience (morale) sera donc l'originarité pure d'une présence à soi d'avant le langage et la signification.

La lecture de Derrida va s'employer à montrer que ni l'expression ni l'indication ne peuvent en réalité être ici absentes, qu'entrelacées entre elles, elles le sont aussi au sens prétendu pur, et que cet entrelacement affecte si l'on peut dire l'auto-affection pure de la voix du sujet à soi présent. Je n'insiste pas beaucoup sur cette démonstration connue, matrice de la pensée de l'écriture — ou de sa question.

Mais, bien entendu, Derrida aura relevé au passage les modalités spécifiques de l'énoncé (du *faux* énoncé, selon Husserl, puisque pour lui c'est un faux langage) qui fait exemple : il s'adresse à un *tu*, au « moi » ou au « soi » comme « tu », et il est *pratique*. Le premier moment de l'examen aura ainsi consisté à montrer :

1. que les exemples du discours intérieur sont choisis dans la *pratique* pour montrer tout d'abord que c'est un discours non indicatif (il n'apprend rien), ensuite que c'est un faux langage car l'axiologique est en droit toujours réductible à « son noyau logico-théorique » (*op. cit.* p. 79). Ce dernier aspect se trouve du reste développé par Derrida, la même année, dans *La Forme et le vouloir-dire,* où se trouve soulignée la convertibilité,

chez Husserl, de « l'expérience affective, axiologique...
en une expérience dans la forme de l'étant-présent », où
l'on aura « le beau comme étant-beau », « le désiré
comme étant-désiré », etc. (*Marges*, p. 203). Ainsi la
pratique, pour Husserl, — et selon un mouvement qui
double et retourne en somme le respect théorique
évoqué dans *Violence et métaphysique* —, « s'offre sans
réserve au discours logique surveillé par la forme
prédicative, c'est-à-dire par l'indicatif présent du verbe
être » (*ibid.*). Pour Husserl, le discours intérieur, dont le
mode pratique semble fournir le type, est faux comme
langage, il n'est vrai que comme ou dans le silence
d'une logicité, dans le noyau de sens pur antérieur ou
extérieur à la factualité praxique comme telle ;
2. que la deuxième personne, le « tu » de ce discours
participe de sa fausseté, car ce « tu » ne peut être que
fictif — et pour Husserl, écrit ici Derrida, « la fiction
n'est que la fiction » (p. 78). Débarrassée de cette fiction,
la vie intérieure et son silence doivent s'offrir sans *alter
ego*, et même sans *ego*, ou selon un *ego* d'une pureté
telle que sa voix pure *s'entend* en deçà du « je » de la
langue, qui n'est jamais qu'un simple « indice "occasion-
nel" ».
Bref, et au total, la facticité spécifique, ailleurs
reconnue, de la *praxis* et d'autrui (double face, à, coup
sûr, d'une même et complexe facticité) est réduite
comme *ficticité* dans la problématique du sens pur et de
sa « génération originaire ». L'effacement, l'exclusion de
cette ficticité délivre, en deçà du signe, l'origine pure, la
voix du « silence absolu du rapport à soi » (p. 77).
Comme vous le savez, Derrida va montrer que cette
originarité ne peut pas ne pas être « contaminée par ce
qu'elle semble exclure » (p. 80). Le ressort essentiel de
cette analyse est l'insistance critique portée sur l'impossibilité, soulignée par Husserl, de nommer autrement
que par métaphore le *présent* de la génération originaire — le présent silencieux de la voix. Ce présent,
source du temps et temps de la source, impliquant le
rapport à un « nouveau » présent qui soit un autre et
même *maintenant*, ne peut qu'impliquer sa mêmeté
dans une « non-identité à soi ». « Il est toujours déjà une
trace » (p. 95), et sa métaphorisation « ne peut qu'être
originaire » (*ibid.*). Cette originarité différente d'elle-

même et se différant elle-même, Derrida la nomme
« archi-écriture ». L'archi-écriture forme l'entrelacement
originaire de l'indication, de l'expression et du sens —
ou encore leur supplémentarité originaire. Que l'on peut
donc aussi nommer ficticité ou fictionnalité originaire.
L'« écriture » fissure et fictionne le silence de la voix
supposée ne pas se dire « Tu as mal agi », mais
seulement — pour autant du moins qu'on puisse le
dire... — s'entendre comme le *théorème* d'un étant-
ayant-été-mal-agissant... à supposer que le « mal » soit
ici encore *purement* déterminable, c'est-à-dire à supposer
que la voix qui garde le silence puisse prononcer autre
chose que des jugements d'existence.

   C'est ici, je crois, qu'il *faut* — il me faut, en tout cas
— prendre dans les conclusions de *La Voix et le
phénomène* (dans lesquelles, à vrai dire, ce que je viens
d'avancer reste tout au plus implicite) un départ, ou
qu'il faut en re-partir. En réinvestissant dans ces
conclusions, ainsi que je viens d'en amorcer le geste, les
données premières, *pratiques,* de l'exemple husserlien,
et en tentant de regagner à partir de là quelque chose
comme le *regard* pour l'éthique ailleurs revendiqué.
   Une conséquence simple s'impose en effet : pas plus
que l'exemple husserlien n'était choisi par hasard, pas
plus la ficticité n'a par hasard partie liée avec le double
motif d'une praxicité et d'une altérité (entendue au sens
d'*autrui*), c'est-à-dire avec ce qui doit à coup sûr
rassembler cette dualité dans le motif ou dans la
question générale d'une *éthicité*.
   Ce qui voudrait dire, de manière simple mais décisive, qu'une éthicité — je ne dis pas, pas directement en
tout cas une éthique — serait donc en jeu dans
l'archi-écriture. Si « Tu as mal agi » ne se laisse pas
réduire à une pure prédication silencieuse, si ce signe
« contamine » le sens, *c'est que le « tu » et le « mal »
interviennent d'origine dans l'origine du sens.*
   Une telle éthicité, disons-le tout de suite, n'aurait
rien à voir avec une morale de l'écriture, ni avec une
écriture de la morale au sens de la demande : « Ecrirez-
vous une éthique ? » Elle ajointerait, elle impliquerait,

elle entrelacerait l'écriture, la *praxis,* l'autrui — ou plutôt, car rien ici ne se laisse substantiver ni prédiquer comme *étant,* elle entrelacerait écriture, *praxis,* autrui. Et cet entrelacement d'instances irréductibles (un entrelacement que pour plusieurs raisons impossibles à développer ici j'aimerais nommer par la formule théologique de la « communication des idiomes »), cette communication originaire des personnes du discours aussi bien que du discours et du non-discours fournirait le lieu, atopique mais non utopique, d'un regard non théorique, non réducteur, sur l'*ethos* ou sur *ethos* — ou encore, et plutôt, d'un regard *pour ethos.*

Cette hypothèse, vous le voyez, semble se déduire en toute rigueur. Peut-on la confirmer ? peut-on valider, justifier et assumer cette conséquence *praxique* de ce qui, déjà, dès la première pensée de l'écriture, n'était plus simplement théorique ?

Peut-on donc y introduire ou y enlacer quelque chose du savoir philosophique de l'éthique ? Le peut-on, mais d'abord et surtout ne le *doit-*on pas, selon une autre nécessité, un autre « Il faut » cardinal de la pensée de l'écriture, et qui peut, par exemple, se formuler ainsi (c'est dans *Ousia* et *grammé*) : « Il faut pour excéder la métaphysique qu'une trace soit inscrite dans le texte métaphysique... » (*Marges* p. 76) ? Il faut donc, pour qu'une éthicité excédante se profile dans l'écriture, que cet excès laisse une trace dans la philosophie ; et que du coup il devienne possible de *regarder* autrement l'éthique philosophique, qu'il devienne possible d'avoir un *regard* pour ce qui a peut-être déjà *pratiquement* excédé l'*ethos* métaphysique dans son éthique.

Autrement dit, peut-on (doit-on ?), à partir de l'hypothèse avancée, répéter le fondement métaphysique de l'éthique, *c'est-à-dire en fait le fondement* — ou l'Abgrund — *éthique de la métaphysique,* c'est-à-dire encore, pour aller droit à l'essentiel, Kant, pour cette seule raison au moins que dans la pensée kantienne c'est l'inconnaissable (la non théorisable) *liberté* qui est expressément « la clef de voûte de tout le système de la raison » (préface de la seconde *Critique*) ?

Peut-on donc, à partir de la pensée de l'écriture, répéter ce que Heidegger a nommé l'instauration kantienne, ce qui veut dire : peut-on répéter la répétition heideggerienne de cette instauration — mais en la décalant sur un registre qu'elle indiquait à peine?

Peut-on donc (doit-on?) rejouer à nouveaux frais la pensée de l'écriture dans une répétition éthique de la répétition heideggerienne de Kant?

Toutes ces questions impliquent donc à l'évidence un «Faut-il?», qui pourrait bien n'être rien d'autre que le «Il faut» d'une déconstruction. Et qui par ailleurs pourrait bien dépendre secrètement d'un «Tu dois, donc tu peux...». Quoi qu'il en soit, dans ce programme en droit très vaste, je n'ouvre aujourd'hui qu'une seule piste.

S'il est question d'un devoir — s'il est, comme nous le comprenons à présent, question de garder la question du devoir —, il est question de finitude, nous l'avons vu. Or *La Voix et le phénomène* marque que la différance (de l'écriture, ou comme l'écriture) est finie : «*La différance infinie est finie*» (p. 114). C'est-à-dire que l'infinité du différer de la présence constitue (si ce mot convient) *ipso facto* la finitude, c'est-à-dire exclut le recours dialectique de la finité (qui n'est pas la finitude) à l'infinité, et ouvre le sans-recours d'un *fin* privée du *telos* de la présence. La différence, qui n'*est* rien, *est* donc la finitude, qui à son tour n'*est* rien (ce «rien», cette chose, *res,* resterait à analyser ; mais c'est peut-être par le devoir que cela devrait passer).

Ainsi, et par une voie syllogistique fort simple : si le devoir appartient essentiellement à la finitude, le devoir se soumet (si je peux dire) essentiellement à la différence. Ce qui veut dire, d'une part, et le plus manifestement, que le *telos* du devoir (l'être du devoir-être en général) diffère ou se diffère, *mais aussi,* et d'autre part, que la différence fait devoir, par elle-même. Ou que *la différance oblige* (comme la noblesse, en somme), que la différance a (si elle a quelque chose) structure et nature d'obligation, de prescription, d'injonction, même si aucun de ces termes ne peut plus s'entendre selon son concept éthico-métaphysique. La différence oblige différemment.

Il y aurait donc là de l'impératif. L'impératif avant même, si l'on peut dire, d'être celui de Kant dans toute sa détermination (mais Kant est en même temps le seul à avoir philosophiquement exhibé l'impératif, en quoi du reste jusqu'ici il n'a été suivi que par Nietzsche), l'impératif a donné précisément lieu, sous la plume de Heidegger, à une explication du rapport du devoir à la finitude :

> « Le concept de l'impératif comme tel montre précisément le rapport interne à un être fini. Cette transcendance elle-même demeure à l'intérieur de la finitude. » (*Entretien avec Cassirer*, P. 34).

Sur le fond de cette détermination par la finitude et à la finitude, l'impératif enlève plusieurs traits remarquables. Dès sa structure la plus formelle, et la plus langagière, l'impératif nous *oblige* à une série de constats qui viennent prendre en somme exactement à revers les déterminations husserliennes de la *voix,* ou qui les doublent.

Certes, rien ne ressemble plus à une voix, à *la* voix de la conscience, à la voix d'un *Bewusstsein* comme *Gewissen,* que cet impératif qui pour Kant se prononce partout et chez tous, et qui s'entend bien en deçà de toutes les options morales. Bien que Kant n'en parle pas toujours comme d'une voix (pas en tout cas de manière soulignée, dans les grands textes pratiques), on peut dire que « la loi morale au fond de mon cœur » est *la* voix absolue de la conscience absolue. C'est l'évidence même. L'impératif est la proximité à soi où la raison s'entend. Si bien que Kant a pu qualifier la liberté — qui se livre, par définition, avec l'impératif — de « *Selbstewusstsein a priori* » (*Nachlass,* n° 5440). C'est aussi la proximité absolue de la raison, en l'homme, à sa fin, à lui-même comme sa propre fin. C'est la voix de la liberté de l'homme, ou la voix de l'homme libre, essentiellement et proprement libre. L'impératif catégorique est peut-être la *phonè* pure et matricielle où se régénère, avec Kant, toute la métaphysique. N'ayant du reste pas d'autre *telos* — dans la « loi universelle de la nature » — que celui de la *théorie* elle-même.

Cependant, cette évidence est aussitôt entamée, non par une circonstance extérieure, mais par elle-même, ou par l'apparaître — qui est tout l'être — de la liberté dans l'impératif. Cette voix en effet ne se laisse pas réduire à la voix qui garde le silence — bien moins encore que l'exemple husserlien du « Tu as mal agi ». Si cette voix est bien la voix libre de l'homme, elle ne se convertit pas en voix de l'homme libre, du sujet présent à soi dans l'essence et le sens de sa liberté. Aussi bien la liberté kantienne ne fonde-t-elle pas un être, n'assure-t-elle pas une présence — elle *bestimmt,* détermine et destine l'homme, ce qui est tout autre chose. C'est pourquoi elle est inconcevable. Et sa voix, l'impératif, opère à l'inverse de la réduction husserliene. «*Agis*» ne se laisse pas transformer en «Tu es devant-agir». L'homme qui entend cette voix, sans peut-être s'y entendre lui-*même,* n'est pas un étant-devant. Son étantité n'est pas prédiquée, elle est à la fois interpellée, posée, et déposée par l'ordre qu'elle reçoit. Et cet ordre, cet «Agis» n'est sans doute, de manière analogue au sens pur de Husserl, ni indicatif ni expressif. Il est faux langage, si, comme l'a montré Benveniste à propos de l'impératif en général, il n'est «même pas énoncé», s'il ne comporte «ni marque temporelle ni référence personnelle» — et plus généralement encore, toujours avec Benveniste, s'il n'est pas performatif, alors que, comme tend à le dire la plus récente pragmatique, tout énoncé est aussi, de quelque manière, un performatif. L'impératif se réduit, dans les termes de Benveniste, à être «le sémantème nu employé comme forme jussive avec une intonation spécifique». L'impératif est faux langage, mais le faux langage est irréductible — et il donne un vrai commandement.

Du même coup, l'impératif est irréductible à la logicité de l'indicatif présent, et du présent en général, car il n'indique même pas quelque chose comme un présent à venir. Il entame plutôt, originairement, le présent de son commandement, par le report infini de l'actualité de l'acte ordonné, actualité ou actualisation pour laquelle l'impératif lui-même ne fournit aucune garantie et aucune efficacité, aucune maîtrise. Il n'est pas ordonné à la présence pleine du sens, ni au rapport en général à l'objet possible. Non seulement il n'y est pas ordonné, mais par un tour singulier qui est bien autre chose qu'un renversement il *ordonne* la présence pleine du sens (la «loi universelle de la nature»), et pourtant n'a pas avec elle de rapport objectif, ou constituant. Il a seulement, avec ce sens ultime, final, un rapport *typique,* dit Kant, le *type* étant l'analogon d'un schème hors du domaine de la constitution des objets (c'est ici, disons-le en passant pour aujourd'hui, que devrait s'amorcer une lecture cohérente des rapports entre le schème et la raison pratique, tels que le paragraphe 30 du *Kantbuch* de Heidegger les laisse en suspens ; j'y viendrai ailleurs). Ainsi, l'impératif n'est pas commandé par l'*archè* du sens, mais c'est lui qui la *commande,* en un autre sens, depuis une autre *archie.*

Ne faisant pourtant que commander le sens, il le diffère — ou il en inscrit du moins la différance. L'impératif vaut par son ordre, non par l'accomplissement du sens de cet ordre — ou plutôt du sens *visé* par cet ordre. Mais peut-être l'ordre et son sens deviennent-ils ici indiscernables.

De la même manière — et c'est sans doute la même chose — l'impératif rend indiscernables les « indices » du locuteur et de l'allocutaire. Indiscernables l'un de l'autre et chacun pour soi. La raison s'y parle à elle-même, elle s'adresse à elle-même, mais elle ne s'y entend pas : elle ne peut assigner la théorie de sa liberté. Du coup, elle s'écarte de soi. Derrida avait laissé en réserve, à propos de Husserl, une question sur « le lieu d'où peut surgir le "tu" dans le monologue » : cette question trouverait ici, non sa réponse, mais son lieu ou sa garde véritable de question. Dans l'impératif, il y a un « je » et un « tu » aussi rigoureusement associés que dissociés, immarquables comme tels, se démarquant et se remarquant l'un l'autre. Il ne s'agit même pas de réintroduire un autrui dans la sphère originaire, il s'agit d'une altérité ou d'une autruicité d'*ego* dans son égoïté et avant même tout *alter ego.* Cela s'entend et pourtant ne s'entend pas. Cela reste inouï dans l'acoustique linguistique aussi bien que dans l'acousmatique philosophique du sens.

Sur le registre du sens comme sur celui du sujet, l'impératif n'est ou ne fait qu'espacement. L'impératif *espace.* Il espace ce qu'il ordonne d'adjointer, il l'espace parce qu'il l'ordonne et en l'ordonnant. De la manière la plus générale, la *loi* s'y espace d'elle-même en tant que *fait.* L'impératif est *factum rationis,* il est le fait non empirique de la raison, le fait *du* non-empirique en elle, un fait par conséquent lui-même écarté de sa propre facticité. Il fait l'espacement du fait de l'homme. (Pour désigner cet espacement, j'ai proposé ailleurs le vieux mot d'*aréalité*.)

La différence, l'espacement, l'écriture par conséquent, serait la loi de la loi. Mais cela voudrait dire que la loi est l'essence sans essence de l'écriture.

Or que fait la loi? Elle me lie à un règne des fins. Mais elle ne m'y lie pas comme à la promesse d'un avènement pur et final, ni comme à la nécessité d'un projet s'accomplissant en objet et en appropriation de cet objet — c'est-à-dire en appropriation d'un être final et propre de l'homme selon la loi. La loi me lie à la loi comme fin. C'est-à-dire à la fois au *sublime* de l'existence humaine, comme dit Kant — donc à cette existence selon la loi comme absolue grandeur incommensurable (et d'abord incommensurable à l'humanité de l'humain) — *et* à cette sublimité comme différence de l'homme accompli selon la loi. Kant écrit en effet :

« S'il doit y avoir pourtant un *but final,* que la raison doit indiquer *a priori,* il ne peut être que l'homme (tout être raisonnable du monde) *sous des lois morales.* » *(3ᵉ Critique,* § 87.) Et il précise en note : « Je dis soigneusement : l'homme *sous* des lois morales et non : l'homme *d'après* des lois morales, c'est-à-dire un être tel qu'il agisse en conformité avec elles, constitue le but final de la création. En effet, en usant de cette dernière expression, nous dirions plus que nous ne savons : à savoir qu'il est au pouvoir d'un Créateur de faire que l'homme se conduise toujours d'une manière conforme aux lois morales (...). C'est seulement de *l'homme sous des lois morales* qu'il nous est possible de dire sans dépasser les bornes de notre intelligence : son existence constitue le but final du monde. »

L'homme *sous* des lois morales, c'est l'homme doublement écarté, espacé de l'homme : au-delà de l'humain, et en deçà de l'entéléchie de l'« Homme », que celle-ci soit anthropologique ou théologique.

L'éthicité impérative ne saurait conjurer la détresse — elle est sans pouvoir, elle est sans empire —, elle ne saurait conjurer la détresse ou la fin de l'homme. Elle la confirmerait plutôt, en un sens. Mais non comme une détresse *morale,* précisément. Elle confirmerait la détresse de la fin comme l'effacement de l'homme en l'homme — par-delà l'homme, en deçà de lui. Ce qui peut s'effacer, mieux, ce qui essentiellement s'efface (s'efface de soi et efface son soi) a la propriété de la trace en général. Mais cette propriété n'en est pas une, ne constitue pas une essence. Il ne faut donc pas dire que la trace s'efface essentiellement, mais qu'elle *doit* s'effacer. Et que l'homme *doit* s'effacer.

L'écriture ne serait donc pas absente ici — si elle ne peut être nulle part présente. Derrida écrivait en 1967 :

> « Ici ou là nous avons discerné l'écriture : un partage sans symétrie dessinait d'un côté la clôture du livre, de l'autre l'ouverture du texte. D'un côté l'encyclopédie théologique et sur son modèle, le livre de l'homme. De l'autre, un tissu de traces marquant la disparition d'un Dieu excédé ou d'un homme effacé. » (*L'Écriture et la différence*, p. 429.)

Ce qui nous reste, à partir de là, à apprendre encore, c'est que le « tissu de traces » n'est pas quelque chose qui se « discerne » par l'acuité d'une meilleure vue, ou d'un progrès théorique seulement, ni non plus par l'heureuse rencontre d'une nouvelle pensée. Ici comme ailleurs la pensée obéit à ce qui d'ailleurs — de nulle part, et de part en part — la commande.

Les fins de l'homme s'écrivent parce que dans le jeu multiple de leur écriture plurielle l'homme s'efface, et qu'il lui est impératif de s'effacer. Et cet impératif, cet effacement sont constitutifs de son étantité *propre,* de cette étantité qui n'est pas proprement un être-étant, mais un *ethos unheimlich.* Heidegger disait à Davos :

> « Je crois qu'on se trompe dans l'interprétation de l'éthique kantienne, si l'on s'attache d'emblée à la direction vers laquelle s'oriente l'action humaine et si l'on néglige la fonction interne de la loi elle-même pour le *Dasein.* On ne peut élucider le problème de la finitude de l'être moral, si l'on ne pose pas la question : que signifie ici "loi" et comment la légalité est-elle un élément constitutif du *Dasein* et de la personnalité. » (p. 34.)

Que signifie ici « loi » ? — peut-être ce que dit *Gesetz* (et que je dis ici sans recourir à ce que peut en dire ailleurs Heidegger), l'être *posé,* la position, le *setzen* du *Dasein* comme être dé-posé dans, par et sur sa propre trace. Autrement dit, le *Dasein* serait l'être-obligé, son *Da* ne serait pas un là, mais serait son assignation par un ordre. Ou le *là* ne serait que le *là* de l'être assigné-là par l'impératif.

C'est-à-dire par un ordre *donné* ; donné et reçu. Ce qui affecterait toujours-déjà l'auto-affection, ce qui constituerait avant tout l'être-recevant de la réceptivité, ce serait la réception du don de l'ordre, la réception du don de la loi. La voix de la loi n'est pas présente à elle-même : elle est inscrite comme un recevoir. Pourtant, la voix impérative forme aussi un très singulier *présent,* qui tord sur lui-même le présent verbal indicatif et expressif ; elle forme le présent de son don.

Que dit la loi ? Que dit cette voix libre de l'homme, qui est bien la *sienne* mais aussi la voix libérée *de* l'homme, libérée de son entéléchie, et le libérant pourtant ? Que dit cette voix sublime (l'archi-écriture est une voix sublime) ?

Elle ne dit que la question — de la finitude. Mais plus comme une *question.* Elle dit que la question *gardée* est un ordre. Derrida plaçait avant l'éthique la garde de la question. Ce philosophe, alors, croyait peut-être encore *détenir* quelque chose par cette garde. En vérité, il *obéissait* déjà. Il traitait l'humanité, et la philosophie, comme une fin. Il ne faisait que son devoir.

L'ÊTRE ABANDONNÉ

L'être abandonné a déjà commencé de former, sans que nous le sachions, sans que nous puissions vraiment le savoir, une condition incontournable pour notre pensée, et peut-être même sa condition unique. L'ontologie qui nous requiert désormais est une ontologie dans laquelle l'abandon demeure l'unique prédicament de l'être, ou encore — et dans le sens scolastique du terme — le transcendantal. Si l'être n'a cessé de se dire en multiples façons — *pollakôs legetai* —, l'abandon n'ajoute rien au foisonnement de ce *pollakôs*. Il le résume, il le rassemble, mais en l'épuisant, en le portant à l'extrême pauvreté de l'abandon. L'être se dit abandonné de toutes les catégories, et des transcendantaux.

Unum, verum, bonum — c'est de cela qu'il y a abandon. Ce qui revient à dire, à nous dire, que l'être a cessé de se dire en multiples façons, sans que cette cessation pourtant fasse une fin ou tranche dans un destin. Elle le poursuit.

Car le dire de l'être, ou le dire l'être ne survient pas à l'être lui-même. L'être n'est, il n'a jamais été — s'il a jamais été — que le *pollakôs legomenon,* le dit-en-multiples-façons (le dit, ou bien, selon le grec de Heidegger, le grec de la philosophie, ou de la pensée, le *recueilli,* et le *laissé-étendu, le disponible...*). S'il n'*est* désormais, s'il a commencé de n'être que son propre abandon, c'est que le dire en multiples façons est abandonné, il est à l'abandon, et il est abandon (c'est-à-dire aussi disponibilité). C'est par fortune que l'abandon peut faire penser à l'abondance. Il y a toujours dans l'abandon un *pollakôs,* une abondance : il ouvre sur une profusion de possibles, comme on s'abandonne avec excès, car il n'est pas d'autre modalité de l'abandon.

*
**

Que l'être abandonné, pour nous — et par nous, peut-être —, corresponde à l'épuisement des transcendantaux signifie donc une cessation ou une suspension des discours, des catégorisations, des interpellations et des invocations dont le foisonnement constituait l'être de l'être. Il immobilise cette *dialectique* dont le nom signifie : celle qui n'abandonne rien ni jamais, celle qui relie, qui renoue et qui reprend sans fin. Il empêche ou il délaisse la *position* même, initiale, de l'être, cette position vide dont la vérité de néant, immédiatement retournée dans l'être et contre lui, médiatise le devenir, l'inépuisable avènement de l'être, sa résurrection et la parousie de son unité, de sa vérité et de sa bonté absolues, soulevant et déversant en lui l'écume de sa propre infinité.

Mais cela signifie donc aussi que l'être abandonné se trouve enfin remis, laissé au *pollakôs* qu'il était, et dont il n'est pas possible de dire « le *pollakôs lui-même* », car il n'a d'autre identité que son défaut d'identité, son manque d'être, en quoi l'être résidait, *étant* le *pollakôs legomenon.*

A la fin de la dialectique, à cette fin que la dialectique n'abandonne jamais et qu'elle porte en conséquence dès son principe — et dans le « Il est » de Parménide —, l'être ne se dit plus en multiple façon. Il se dit en l'unique, vraie et bonne façon de l'absolu qui le rassemble ou qu'il assemble. L'être se dit absolument de l'absolu, et se dit absolument l'absolu : « Il est. » Ce « il » n'est pas un neutre, bien qu'il ne soit ni masculin ni féminin. Il est l'autocatégorisation de l'être, transcendant les transcendantaux, annulant, relevant ou confondant le *pollakôs* dans la conquête de l'autoposition et de l'autoterminaison de l'être.

Pour un temps de l'histoire, cela s'est prononcé : « Je suis. » Mais le « il » de l'être, le « il » qu'*est* l'être lorsqu'il est (et ne se dit en aucune façon), ce « il » est le véritable « je ». Sans doute le « je » en donne-t-il la structure et la substance. Mais le « je » se dit encore, il ne fait même que ça et ne se fait que de ça. « Je » exige une bouche qui s'ouvre, et que je me sois d'avance entraîné, précipité hors de moi, que je me sois abandonné. La voix, déjà, est un abandon.

« Il » n'exige rien que l'être n'ait déjà, de toujours, disposé dans son être silencieux. L'*esti gar einai* de Parménide signifie que l'infinitif de l'être — ou son substantif, l'infinité de sa substance — ne se conjugue qu'à lui-même, à la troisième personne du « il est ». Trois lectures, trois déclamations ou trois dictions s'y font ensemble :

Il est en effet être.
Il est en effet *être*.
Il est *en effet* être.

Mais nul n'y prend la parole, nul n'y déclare rien, nul ne s'y adresse à quiconque. Il n'y a personne, aucun dialogue — et ce n'est pas même un monologue. « Il est » a la formidable adhérence à soi-même, immobile et muette, d'un sphinx de pierre dans le désert, dans notre désert. Le sphinx se nomme Dieu, Nature, Histoire, Sujet, Illusion, Existence, Phénomène, *Poièsis, Praxis* — mais c'est toujours une seule masse de pierres, les versions fugitives de l'unique « il est » que nul ne prononce. Car nul ne peut le prononcer : Platon le savait déjà.

*
**

L'être abandonné est abandonné au *pollakôs*. A la fois, *pollakôs legetai* est achevé, résorbé, compris dans le *logos* et comme le *logos* qu'il est, et le même *pollakôs legetai,* comme tel abandonné, recueille l'être. Car l'être est bien ce que la dialectique abandonnait, vouait au néant dès son premier pas. Ou plutôt, la dialectique abandonnait l'être en passant au néant. L'abandon n'est pas le néant. L'être est ce qui reste avant le néant et avant la puissance du négatif. L'être est ce qui reste au début de la dialectique, ce que toute la force de la dialectique n'arrive pas à entraîner, à mettre en branle, à aliéner dans son identité motrice. L'être reste abandonné. Le *pollakôs* dès lors reste lui aussi à l'abandon. Sa multiple façon ne s'ordonne plus à l'unité, fût-elle infinie, fût-elle asymptotique d'un *logos*. *Pollakôs legetai* demeurait jusque-là sous la surveillance d'un *monôs legetai :* que l'être se dise en multiples façons, cela se détermine et s'apprécie à partir de ce qu'offre un *logos* unique et univoque. L'être plurivoque se laissait régler, ou se faisait régler par cette univocité. Aussi n'est-il pas abandonné à la simple plurivocité. Celle-ci à son tour est abandonnée. Reste un éparpillement sans recours, une dissémination de miettes ontologiques. Cela même, par conséquent, ne reste pas — pas du moins comme le reste d'une soustraction ou comme les restes d'une fragmentation, qui laissent quelque chose à garder. Cela ne reste pas comme une stochastique ontologique, où se préserverait une propre possibilité de calcul. Etre abandonné, c'est rester sans garde et sans calcul. L'être ne connaît plus de sauvegarde, pas même dans une dissolution ou dans une dilacération, pas même dans une éclipse ou dans un oubli.

L'oubli de l'être doit être compris de deux manières : ou bien il s'agit de l'oubli de l'*être,* et la pensée *garde* invinciblement la forme et la nature d'une immense réminiscence. L'être de l'être y sort, splendide, de l'oubli, et dicte, silencieux, à nouveau son « il est ». L'oubli de l'être, alors, est oublieux de l'abandon de l'être.

Ou bien l'oubli comprend, dans son oubli même et somme toute *en tant qu'oubli,* que l'oublié n'est pas l'être mais son abandon, et que l'abandon ne fait pas l'être de l'être, mais sa condition — non pas au sens d'une « condition de possibilité », mais bien au sens d'une « condition misérable », et dont la misère même fomente l'oubli. L'oubli se comprend alors lui-même inscrit, prescrit, promis dans l'abandon. L'abandon en effet voue à l'oubli, et cet oubli ne sauvegarde pas la réserve d'une mémoire recouvrable et guérissable. (la tension de cette double compréhension, qui n'est en aucune façon un conflit d'interprétations autour d'une

« pensée » qui serait « la pensée de l'oubli de l'être », fait *toute* notre pensée, détermine toute l'ontologie qui nous requiert, et qui requiert aussi, quoi qu'ils en aient, ceux que l'« ontologie », c'est-à-dire la « philosophie » fait sourire.)

De ce que l'être fut abandonné, de ce qu'*il est* abandonné et de ce qu'il s'abandonne, il n'y a pas de souvenir. Il n'y a pas d'histoire de cet abandon, pas de savoir ni de récit du comment, où, quand et par qui il fut abandonné. Ce n'est pas impossible à connaître : tout simplement, cela n'*est* pas. Cela n'a pas eu lieu. L'être n'*est* pas son abandon, et il ne *s*'abandonne qu'en n'étant pas l'auteur ni le sujet de l'abandon. Mais il y a l'être abandonné, et « il y a » ne veut pas dire « il est ». « Il y a » ne veut pas non plus dire « es gibt » : ils ne se traduisent pas, ni l'un ni l'autre, ni autrement. Dans les langues aussi, comme entre les langues, l'être même de l'abandon est abandonné.

« Il y a » ne se traduit pas en français, pas plus que « *es gibt* » en allemand. Qu'est-ce que le *y* de « Il y a » ? C'est *ici, là,* c'est un lieu, n'importe quel lieu, ou plus exactement, car c'est un cas attributif, c'est *à un lieu, à tel lieu.* « Il y a » ne fait pas une constitution ontologique, mais une attribution locale. Il localise l'être, c'est-à-dire qu'il l'abandonne à l'écart du lieu.

Mais ne savions-nous pas, et depuis longtemps, qu'il en était ainsi ?

Ne sommes-nous pas nés dans l'abandon, le grec et le tragique — celui d'Œdipe —, le juif et l'exilé — celui de Moïse —, l'un et l'autre définis ou destinés par l'abandon, au point que ni de l'un ni de l'autre nous ne savons où commence et où finit la figure, ni jusqu'où l'un est juif et jusqu'où l'autre grec. Ils sont abandonnés *à la naissance* : c'est-à-dire dès le principe, dans leur principe, et voués indéfiniment à naître. Naître signifie précisément ne jamais en finir de naître, ne pas en finir de ne jamais accéder à l'être, à son statut, à son estance ou à sa prestance, et à son autonomie. La naissance abandonne Œdipe et Moïse jusqu'à leur mort. La troisième figure, à son tour interminable, le Christ, les médiatise encore au moment de sa mort (comme s'il y avait une dialectique de l'abandon, aussi inévitable qu'insoutenable. Le Christ, la théologie christique, est précisément la dialectisation de l'abandon. Les hommes abandonnés de Dieu sont sauvés par le Fils que le Père abandonne. Le christianisme *relève* l'abandon : c'est ce que Hegel avait compris. Mais cette « compréhension » ne comprend rien, elle oublie l'abandon du Fils. Parlant de la sueur de Jésus au jardin des Oliviers le jeune Hegel de la *Vie de Jésus* a cette phrase absurde, obtuse : « Ici, la nature rentra, pour quelques moments, dans ses droits »...). Le Christ pousse un cri — récitation d'un psaume :

Eli, Eli, lama sabactani !

Thee mou, Thee mou, ina ti me enkatelipès ;

Deus meus, Deus meus, ut quid dereliquisti me ?

Dereliquisti me : tu m'as livré à la déréliction, où ne me reste rien de toi qui me laisses rester. Tu ne m'as pas laissé à quelque tâche, à quelque place, à une souffrance ou à une attente. Tu m'as laissé à l'abandon.

Ce que signifie le Dieu d'amour, c'est que l'amour seul abandonne [1]. Ce qui n'est pas l'amour peut rejeter, délaisser, oublier, renvoyer, congédier, mais l'amour seul peut abandonner, et c'est à la possibilité de l'abandon que l'on connaît celle de l'amour. Et que l'on connaît aussi bien cette justice de l'amour par-delà la justice, que les images et les mots de « l'amour chrétien » nous ont dénaturée (dès les Evangiles, sans doute, et jusqu'au romantisme qui est le christianisme de notre temps).

Il n'y a pas, cependant, une nature de l'amour, et personne n'a pu nous le pervertir. Le christianisme n'est pas plus une perversion que la métaphysique n'est un trou de mémoire. L'être abandonné ne peut être ni sauvegardé ni trahi. Il faut en finir avec nos évalua-

---

1. Le hasard me fit lire, ensuite, ces lignes de Simone Weil : « Son amour (de Dieu) maintient dans l'existence, dans une existence libre et autonome, des êtres autres que lui, autres que le bien, des êtres médiocres. Par amour il les abandonne au malheur et au péché. Car s'il ne les abandonnait pas, ils ne seraient pas. Sa présence leur ôterait l'être comme la flamme tue un papillon. » (*Pensées sans ordre concernant l'amour de Dieu*, Gallimard, 1962, p. 35.)

tions de l'histoire, avec notre histoire évaluante, auto-évaluante. Hegel avait compris que l'histoire est la nécessité. Mais nous n'avons pas compris, ni lui ni nous, ce qu'est la nécessité. Nietzsche l'avait compris : *amor fati.* Mais nous n'avons pas compris, ni lui peut-être, ce qu'est *amor.*

**
***

Il y a ceci du moins, que Nietzsche avait écrit, sinon compris : « *Ecce Homo.* » Voici l'homme, celui qui crie : *Ut quid dereliquisti me* ? Voici l'homme abandonné, l'abandon de l'homme. Voici l'homme, l'être abandonné. Le destin d'*amor* est attaché à cet abandon.

Le temps de l'abandon est le temps — non pas de l'homme, mais d'une voix qui prononce : « *Ecce homo.* » Voix de qui, désignant qui ? Cette question, ces deux questions qui sont la même, est à l'abandon. Elle doit peut-être être abandonnée. Le temps de l'abandon n'est pas le temps plein des questions, ce temps soulevé, gonflé d'attente, ordonnant l'avenir à la direction de la question, y promettant et somme toute y projetant la rectitude de la réponse. Il n'est pas ce temps factice de l'anticipation, mais il est le temps, le seul — celui qui ne suspend jamais son vol.

Le temps de l'abandon est le temps, le vacillement de l'instant instantanément abandonné ; le temps s'abandonne, c'est sa définition. Et dans le temps nous sommes abandonnés au temps, tout autant que le temps nous abandonne. Aussi notre temps — notre époque — est-il plus que jamais le temps du temps, le temps de l'ontologie temporelle de l'abandon, et de la fin de l'Histoire au sens où l'Histoire retenait désespérément le temps, lui résistait et le relevait. L'Histoire est à l'abandon de l'histoire. Ce qui est abandonné, ce qui s'abandonne n'*est* que dans le passage, l'inclinaison, le basculement — « entre l'insaisissable et le saisissement » (Michel Deutsch) —, et la syncope ; et cela même, le passage, la défection, la défaillance, n'*est* pas. On ne peut même pas dire *le* passage, *l'*écoulement, *le* flux, *la* durée. Encore moins *la* syncope. La durée du temps, qui fait le temps, n'a d'autre consistance que son évanouissement incessant. Le temps ne fuit pas, mais une fuite fait le temps. Son système n'est pas une syncope, mais il syncope et se syncope : suspension, battement, continuité disjointe et relancée sur sa disjonction même, la même donc — le même temps — et jamais la même — *jamais* le même temps. Ce qui ne veut pas dire : *toujours* l'abandon, car il n'y a pas de permanence de l'être abandonné.

C'est une telle absence de permanence, c'est l'impossibilité de fixer l'abandon et de s'installer en lui qui le renouvelle et le ravive. Ses figures surgissent partout, tourbillonnent jusqu'à soulever le cœur, Œdipe, Moïse, Jésus, mais aussi bien Roland, Robinson, Olympio, Phèdre, Tristram, Jean-Jacques, la Traviata, Josef K., et Hypérion, et le prolétaire, et le souverain.

Mais ce ne sont pas les figures d'une essence. C'est le *pollakôs* où s'épuise interminablement un interminable abandon de l'essence de l'être. Toute notre mythographie a pour structure le mythe de l'abandon, cependant que toute notre science du mythe a pour principe que le mythe nous a abandonnés. Aussi, et de surcroît, cette science elle-même, par définition, ne sait-elle pas de quoi elle parle. D'un monde qui ne nous abandonne pas, et qui garde l'homme en son sein, nous n'avons pas une idée, pas un souvenir, pas un pressentiment. Une proposition de Brecht a valeur de paradigme pour toute notre histoire et pour tout l'Occident :

> « Quand on dit que le théâtre est issu des cérémonies du culte, on affirme, sans plus, que c'est en en sortant qu'il est devenu théâtre » (*Petit organon*, 4).

C'est par un abandon que l'être est advenu : on ne peut rien dire de plus. Il n'y a pas de retour en arrière, l'être ne véhicule rien de plus ancien que son abandon. D'un mythe ou d'un rite antérieurs à l'être, il n'y a rien à savoir et rien à reprendre. Ce sont des mots pour qualifier, ou plutôt pour camoufler — assez mal — l'abandonnement par lequel l'être nous parvient, et par lequel nous parvenons à l'être.

Toutes nos Idées, au contraire, reposent sur une croyance en la vertu de la question : « Pourquoi y a-t-il quelque chose, et non pas rien ? » Une antécédence sur l'être y répondrait. Mais nous savons désormais que cette question se répond déjà à elle-même en secret: «Puisqu'il y a quelque chose, et non pas tout, c'est que cette chose est à l'abandon, c'est que toute chose est abandonnée.» Et il est interdit de demander par qui.

Aussi le penseur dit-il désormais que l'être-abandonné, que l'être-jeté-au-monde dans la déréliction constitue une possibilité positive de l'être-au-monde.

Mais cette positivité ne pose rien, et elle n'est pas elle-même posée. Tenter de la penser signifierait renoncer à penser, et que ce renoncement lui-même ne *soit* rien, ne prétende pas abdiquer la positivité du concept ou celle de la poésie (le positionnement pensant en général) pour se livrer, par exemple, à une *praxis* toute gonflée de son immanence. Il faudrait renoncer sans renoncer, ne déterminer la déréliction en aucune manière, ne l'investir d'aucun désir, ne lui donner aucun modèle. Un tel dépouillement aimante la volonté mystique d'Ignace de Loyola, et hante la volonté pensante de Heidegger. Mais ce n'est pas encore ce qui nous requiert désormais: car tout notre exercice spirituel doit encore se défaire de la volonté, se déprendre de l'«exercice» et de l'«esprit». Il faudrait se laisser enfin abandonner. C'est ce que voudrait dire, à l'extrémité des mots, «penser».

*
**

A quoi donc se laisser abandonner? sinon à cela à quoi l'abandon abandonne. L'origine de l'«abandon», c'est la mise *à bandon*. Le *bandon (bandum, band, bannen)*, c'est l'ordre, la prescription, le décret, la permission, et le pouvoir qui en détient la libre disposition. *Abandonner,* c'est remettre, confier ou livrer à un tel pouvoir souverain, et remettre, confier ou livrer à son *ban,* c'est-à-dire à sa proclamation, à sa convocation et à sa sentence.

On abandonne toujours à une loi. Le dénuement de l'être abandonné se mesure aux rigueurs sans limites de la loi à laquelle il se trouve exposé. L'abandon ne constitue pas une citation à comparaître sous tel ou tel chef de la loi. C'est une contrainte à paraître absolument sous la loi, sous la loi comme telle et en totalité. De même — c'est la même chose — être *banni* ne revient pas à passer sous une disposition de la loi, mais à passer sous la loi tout entière. Livré à l'absolu de la loi, le banni est aussi bien abandonné au-dehors de toute sa juridiction. La loi de l'abandon veut que la loi s'applique en se retirant. La loi de l'abandon est l'autre de la loi, qui fait la loi.

L'être abandonné se trouve délaissé dans la mesure où il se trouve remis, confié ou jeté à cette loi qui fait la loi, l'autre et la même, à ce revers de toute loi qui borde et fait tenir un univers légal : un ordre absolu et solennel, qui ne prescrit rien que l'abandon. L'être n'est pas confié à une cause, à un moteur, à un principe ; il n'est pas laissé à sa propre substance, ni même à sa propre subsistance. Il est — à l'abandon.

L'abandon respecte la loi, il ne peut faire autrement. Cela ne signifie pas qu'il s'agit d'un respect contraint, et par conséquent privé de la valeur propre du respect. « Il ne peut faire autrement » veut dire : il ne peut être autrement, il n'est pas autrement. L'abandon est abandon au respect de la loi, au respect du revers intégral de la loi. Avant toute autre détermination, et comme le principe de toute autre détermination (crainte et tremblement, soumission, vénération, imitation, conformation), le respect est un regard *(respectus)*. Ce n'est pas un regard optique, et encore moins un regard spéculatif, qui dévisagerait la loi. C'est le regard qui ne lève pas les yeux, et ne les ouvre peut-être même pas. C'est encore, et d'abord, un regard en arrière *(re-spicere)* : tourné vers l'avant de l'abandon, là où il n'y a rien à voir, qui n'est pas à voir. Ce n'est pas un regard pour l'invisible, ce n'est pas un regard idéal ou idéatif. C'est la *considération* de l'abandon. En respectant la loi, l'abandon se respecte lui-même en quelque sorte (et la loi le respecte). Il se retourne — non pour se voir, mais pour se recevoir.

On voudrait penser qu'il s'agit d'un *don* (le mot allemand est *die Hingebung* : le don à...). Mais *mettre à bandon* n'est pas *donner à ban,* et ce dernier syntagme, que certains ont voulu rechercher, n'est pas attesté. L'être n'est pas donné dans l'abandon, si le don suppose la réserve et la provision d'une richesse, une accumulation primitive, ainsi que la générosité d'un donateur. La loi ne donne rien, elle ordonne. L'être n'est donné — ou un don ne lui est fait — que pour autant qu'un don, bien en deçà de ce que nous représentons et de ce que nous pratiquons sous ce nom, est ou devrait être toujours abandonné. On croit entendre, on voudrait entendre « donner » dans « abandonner » : c'est l'inverse qui est vrai. (« Donner et retenir ne vaut », dit la loi ; mais c'est la donation elle-même, comme telle, qui ne doit même pas être retenue.)

On abandonne à une loi, c'est-à-dire toujours aussi à une voix. *Bannan, bannen,* en ancien et moyen haut-allemand (ordonner ou interdire, sous menace de sanction), se greffent sur une « racine » *(*bhâ)* de la parole, de la déclaration. *Fari* et *phanai* sont de la « famille », et par conséquent *phonè.* L'être abandonné est remis ou laissé à la *phonè,* et au *fatum* qui en procède à son tour. *Amor fati* s'adresse à la loi et à sa voix.

L'ontologie est ainsi une phonologie. Mais la voix n'est plus ici le médium acoustique ni l'articulation d'un discours. La voix *fait* la loi, en tant qu'elle ordonne ; et en tant qu'elle ordonne, la loi *est* la voix. Ce que prononce cet ordre, pourtant, ne se laisse peut-être plus décrire comme le commandement d'une action à exécuter, ni comme l'injonction d'une disposition à observer. Cet ordre prononce peut-être, de manière étrange : *ecce homo.* Ce n'est pas un prescriptif, mais un constatif, dirait le linguiste. Cependant, le constatif s'y ferait entendre comme une prescription.

Voici : *vois ici,* c'est un impératif. S'il est certain qu'il ordonne (mais jusqu'où est-ce certain ? jusqu'à la limite, fragile, de l'ellipse ou de la suspension d'un *tu* ; ce qu'il faut pour cette ellipse, le ton de voix qu'elle engage, sa fragilité, tout cela demandera encore à être pensé), ce qu'il ordonne ne se laisse pas décrire : car le *ici* n'est pas montré. La loi de l'abandon est que cet *ici* ne soit point désigné, ni ici, ni là, ni ailleurs. *Ecce homo* ordonne ce que nous appelions naguère l'*eccéité* de l'homme : sa présence, pour elle-même, en tel ou tel « ici », indépendamment de tous ses attributs, et de son essence même. L'eccéité est l'être dénué de tout ce qui n'est pas son être-ici — ou son être-là.

***

L'être est donc abandonné à l'être-là de l'homme comme à un ordre. C'est un impératif catégorique, non seulement en ce qu'il ne souffre aucune restriction et ne se soumet à aucune condition, non seulement en ce qu'il fait la loi absolue de l'être, mais en ce que l'impératif catégorique, conformément à la catégorie du catégorique telle que l'établit la table des jugements, ne peut rien contenir que l'inhérence d'un prédicat à un sujet (par différence avec l'hypothétique et avec le disjonctif). Le jugement catégorique dit que ceci est cela. L'impératif catégorique dit que l'homme est ici. Mais il ordonne de le *voir ici* car l'inhérence du prédicat au sujet, dans ce cas, n'est que l'inhérence de l'eccéité, de l'être-là, de la présence. Rien n'est par là jugé, affirmé ou nié *au sujet* de l'homme, rien n'est prédiqué de son être, et celui-ci est bien plutôt abandonné. C'est la raison pour laquelle l'impératif supplée un impossible jugement catégorique : l'homme (dont l'être, en son abandon, reste inqualifiable), vois-le ici. Mais *ici,* répétons-le, n'est pas montré. Rien n'est montré que la monstration elle-même dans sa singulière généralité : *idou o anthrôpos,* vois ici l'homme. Dès que ce mot, par lequel Pilate abandonne Jésus, n'appartient plus à Pilate — et il ne lui appartient plus —, il devient un ordre, et l'« ici » n'en est plus assigné. L'homme est seulement ordonné comme être-là, ou à être là — c'est-à-dire *ici.*

(*Ici* : le plus proprement, là où ça s'écrit, devant toi. Ici s'inscrit ici, ici n'est jamais qu'une inscription. *Ci-gît* sa lettre abandonnée.)

***

L'homme est l'être de l'être abandonné, et comme tel constitué ou plutôt institué par la seule réception de l'ordre de voir l'homme ici, là où il est abandonné.

L'ordre de *voir* est encore un ordre eidétique, ou théorétique. Mais ce qu'il ordonne de voir, le *là* de l'homme n'offre aucune Idée, ne donne rien à voir

Un lieu se donne à voir, il se configure. Mais *ici* ou *là* (c'est le même, et c'est l'autre), s'il partage les lieux, s'il entame l'espace et profile ses schèmes, demeure lui-même invisible. *Ici* ouvre un espacement, dégage une aire sur laquelle l'être est jeté, abandonné. L'eccéité ouvre une *aréalité*. Mais l'aréalité de l'aire (de l'être) n'est pas son dessin, n'est pas sa configuration. Elle est son tracement à partir de l'ici. L'ici n'a pas de lieu : il est à chaque instant ici ou là, ici et maintenant car ici *est* maintenant. *Hic et nunc.* Ici n'est pas fait de l'espace qu'il ouvre ou qu'il coupe, ici est le temps de cette incision. *Ecce homo* veut dire : vois le temps de l'homme, vois son abandon.

L'ontologie désormais n'a d'autre « objet » que la déréliction de l'être — et ainsi, à nouveau, son *pollakôs* : car il est des abandons cruels et des abandons gracieux, il en est de doux, d'impitoyables, de voluptueux, de frénétiques, d'heureux, de désastreux et de sereins. La seule loi de l'abandon, comme celle de l'amour, c'est d'être sans retour et sans recours.

«Lapsus judicii» a paru en première version dans le nº 26 de *Communications*, «L'objet du droit», dirigé par Jean-Louis Schefer, 1977.

«Notre probité!» a paru en première version dans le nº 112 de la *Revue de théologie et de philosophie*, Lausanne, 1980.

«La vérité impérative» a paru en première version dans le volume *Pouvoir et vérité* (travaux du CERIT, dirigés par Marc Michel), Paris, Cerf, 1981.

«La voix libre de l'homme» a paru dans *Les Fins de l'homme — à partir du travail de Jacques Derrida*, colloque de Cerisy, dirigé par Philippe Lacoue-Labarthe et Jean-Luc Nancy, Paris, Galilée, 1981.

«L'être abandonné» a paru en première version dans les nºs 23-24 d'*Argiles*, dirigé par Claude Esteban, 1981; une deuxième version, traduite en allemand avec Martin Bauer, *Das aufgegebene Sein*, a paru chez Alphäus, Berlin, 1982.

Je remercie les directeurs de revues et de collections.

TABLE DES MATIÈRES

La composition et l'impression de cet ouvrage
ont été réalisées
par l'Imprimerie Chirat, 42540 Saint-Just-la-Pendue

Achevé d'imprimer en janvier 1983
N° d'impression 5930
N° d'édition 9712
Dépôt légal février 1983

IMPRIMÉ EN FRANCE